KB216147

일러두기

- 이 책은 MBN에서 방송한 <그리스 로마 신화-신들의 사생활>의 내용을 따랐으며, 필요한 경우 이해를 돕기 위해 일부 내용을 추가했습니다.

- 이 책은 국립국어원 표준국어대사전과 외래어 표기법을 따르되, 일부 명칭은 학계에서 사용하는 통칭을 따랐습니다.

- 이 책에 나오는 인명과 지명 등은 그리스식 표기를 따르되, 필요한 경우 로마식 표기를 나란히 적었습니다.

- 본문에 실린 이미지 정보는 '작품명, 화가명, 소장처' 순으로 기재했습니다. 단 소장처가 정확히 알려지지 않은 경우 기재하지 못했습니다. 정보를 아시는 분은 출판사로 연락 부탁드립니다. 확인되는 대로 보완해나가겠습니다.

- 이 책에 수록한 작품의 대부분은 저작권 허가를 받았습니다. 일부 예외의 경우는 추후 저작권자가 확인되는 대로 절차에 따라 계약을 진행하겠습니다.

- 228쪽에 수록한 시 「거미여인」은 『살아남은 자의 아픔』(이산하 편역, 노마드북스)에서 발췌했습니다.

그리스
로마 신화

신들의 사생활

판도라의 항아리를 열다!

그리스 로마 신화
신들의 사생활

〈그리스 로마 신화 - 신들의 사생활〉
제작팀 지음

인간다운 삶을 향한 신비로운 여정

우리는 빠르게 변화하는 현대사회를 살아가고 있습니다. 고도로 발전한 과학기술과 융성한 문화예술 덕분에 전에 없는 윤택한 삶을 누리면서요. 하지만 그만큼 우리가 더 행복한 삶을 살고 있는가, 인간답게 살고 있는가에 대한 물음에는 쉽게 대답할 수 없을 것 같습니다. 오히려 그에 따르는 여러 가지 문제들, 정답을 알 수 없는 고민들이 현대사회를 살아가는 인간들을 괴롭히고 있는 것은 아닌가 자문하게 됩니다. 우리는 어떻게 살아야 행복할까요? 진짜 인간다움이란 무엇일까요? 이에 대한 정답을 내놓을 수는 없겠지만, 오랜 시간 인류에게 더 나은 삶을 위한 방향성을 제시해온 그리스 로마 신화가 그 해답을 향한 여정의 좋은 출발점이 되어줄 거라고 생각합니다.

왜 그리스 로마 신화 같은 고전을 읽어야 할까요? 고전이란 말 그대로 기나긴 역사를 버텨온 책입니다. 역사 속에서 개인과 사회가 가진 수많은 문제들에 대한 해답이나 실마리를 전달하고, 새로운 문제를 제시하면서 지금까지 살아남은 책이지요. 소위 인문학의 바이블이라고 불릴 만큼 풍부한 지식을 담고 있으며, 많은 세대를 어울러 공감과 지지를 얻

은 이야기입니다. 신화를 사랑하는 사람은 곧 지혜를 사랑하는 사람이라는 말이 그냥 나온 것이 아니겠죠. 서양 철학의 성지 고대 그리스와 서양 역사의 근원지 고대 로마, 그런 두 나라에서 국가를 초월하여 널리 전파된 그리스 로마 신화를 샅샅이 파헤치면 수천 년 전부터 고민해왔던 인간에 대한 근본적인 질문을 되짚어볼 수 있을 것입니다.

설민석 선생님께서는 그리스 로마 신화를 다룬 여러 원전을 읽으며 시청자들이 더 재밌게 이해할 수 있는 스토리텔링 방식을 늘 고민하셨습니다. 이를 통해 얼기설기 얽혀 있는 그리스 로마 신화의 수많은 이야기들이 선생님 나름의 방식으로 차츰 정리가 되었지요. 덕분에 누구나 이해할 수 있는 〈그리스 로마 신화–신들의 사생활〉이 탄생할 수 있었습니다. 또한 김헌 교수님께서는 바쁜 일정에도 불구하고, 틈틈이 〈그리스 로마 신화–신들의 사생활〉의 큰 방향성을 잡아주신 것은 물론, 그리스 로마 신화를 날것 그대로 보이되 그저 자극적인 이야깃거리로 소비되지 않도록 교훈적이고 대중이 받아들이기 쉬운 풀이들을 하시려 노력하셨습니다. 한젬마 선생님 또한 시간을 쪼개가며 저희에게 다양한 예술 작

품들을 추천해주셨고, 설민석 선생님의 이야기를 경청하며 선생님만의
이야기를 명화에 녹여주셨습니다. 특히 한젬마 선생님의 감수성과 안목
덕분에 방송의 분위기가 한층 더 부드럽고 성숙해질 수 있었다고 생각
합니다.

그밖에도 철저한 사실 확인을 위해 그리스어 한 자, 라틴어 한 자까지
놓치지 않고 확인해주신 전문 검수자분들, 이야기에 이야기를 덧붙여 더
욱 재미있는 흐름을 만들어주신 작가님들, 현장의 모습을 실감나게 담아
내고 그 감동을 전달하기 위해 CG를 덧입혀 작품을 완성해주신 감독님
들까지……. 보이지 않는 곳에서 많은 분들이 노력해주신 덕분에 〈그리스
로마 신화—신들의 사생활〉이 탄생할 수 있었습니다.

무엇보다 함께 듣고, 웃고 울고 즐겨주신 분들이 있었기에 이야기가
꽃필 수 있었습니다. 함께해주신 한가인, 정승제, 알베르토 몬디, 노사
연, 유병재, 김종민 님께 특별히 감사드립니다.

그리스 로마 신화를 안다고 대단한 명예나 부가 따라오거나, 당장 삶
의 방식이 바뀌지는 않을 것입니다. 그렇지만 신화가 우리에게 건넨 끝

없는 물음표는 우리를 계속 인간답게 사유하도록 돕고, 보다 나은 삶을 살 수 있도록 발판을 마련해줄 것입니다. 이 책을 읽는 여러분 또한 그리스 로마 신화를 통해 자신을 되돌아보고 주변이 더 나아지는 신비로운 경험을 하시길 바랍니다.

〈그리스 로마 신화−신들의 사생활〉

제작팀

차례

첫 번째 이야기

신과 함께

⚡

가이아의 무척이나 영리한 제안에 속아,
비뚤어진 기지를 지닌 위대한 크로노스는 자식을 도로 토해냈다.
자기 자식의 간계와 무력에 패배한 채,
먼저 그는 맨 마지막에 삼켰던 돌을 토했다.

—헤시오도스, 『신들의 계보』

신과 함께

⚏ 신들의 탄생

설민석   여러분, 혹시 카오스^{Chaos}라는 말 들어보셨나요? 그리스 로마
신화는 '아무것도 없는 태초'를 뜻하는 이 카오스에서 시작합니
다. 어느 날, 빈 공간이던 세상이 아무런 징조나 개연성도 없이
반으로 쫙 갈라지며 신이 탄생하는데요. 이때 최초로 태어난 신
이 대지의 여신인 가이아^{Gaea}입니다. 그다음으로 하늘의 남신이
태어나는데, 이 신의 이름은 이따가 말씀드릴게요.

이렇게 여자 신과 남자 신이 만나서 뭘 했을까요? 네, 사랑을 했
고, 둘 사이에서 아이가 태어났어요. 첫째가 나오고 둘째가 나
오고……, 모두 6남 6녀 열두 남매가 탄생했죠. 열두 남매는 다
리가 무척 길고, 키가 아주 큰 거신이었어요. 이들을 일컬어 티

가이아 ◆ 안젤름 포이어바흐,
오스트리아 빈 미술아카데미

탄^{Titan}족이라고 부릅니다.

제가 어렸을 때 자주 보던 아주 큰 트럭이 있었는데, 이름이 타이탄이었어요.

단꿈   설마 영화 〈타이타닉〉에 나오는 배 이름도 관련이 있나요?

설민석   네, 타이타닉호의 이름도 거신족 티탄에서 따왔답니다.

대지의 여신과 하늘의 신은 아이들이 팔다리도 길고, 키도 크고, 멋지니까 너무 좋은 거예요. 그래서 계속 아이를 낳으려고 사랑을 이어가는데, 아니 웬걸요! 외모가 티탄 남매들과 전혀

16

다른 아이들이 태어나고 맙니다. 눈이 하나밖에 없는 삼 형제가 태어난 거예요.

신들의 외모는 인간과 똑같아요. 그러니 눈이 두 개여야 하는데, 이마 한복판에 하나밖에 없으니까 너무 놀란 거죠.

> 가이아는 다시 오만한 마음을 가진 키클롭스들,
> 브론테스(천둥)와 스테로페스(번개)와
> 마음이 굳건한 아르게스(섬광)를 낳았으니……
> 이마 한가운데 눈이 하나뿐이었다.
>
> ─헤시오도스, 『신들의 계보』

아이들은 계속 태어납니다. 이번에 가이아가 낳은 아이들은 어떻게 생겼는지 아세요? 머리가 50개에 손이 100개예요! 눈이 하나뿐인 삼 형제에 이어서 머리와 손이 엄청나게 많이 달린 삼 형제가 태어난 겁니다.

> 거대하고 강력하고 추악한 세 자녀는
> 코토스와 브리아레오스와 기게스로, 거만한 아이들이었다.
> 어깨에서는 백 개의 팔이 튀어나와 형체가 흉하고,
> 각자 어깨부터 건장한 사지 위로 쉰 개의 머리가 자라나 있었다.
>
> ─헤시오도스, 『신들의 계보』

하늘의 신은 아이들의 모습을 보고 화가 났어요. 이 흉측한 아이들을 남이 볼까 두려워 깊은 지하 세계인 타르타로스Tartaros에 묻어버리죠. 아버지라는 자가 자식들을 생매장해버린 겁니다.

⚟ 가이아의 복수

설민석 엄마인 가이아의 마음은 어땠을까요? 외모가 일반적이지 않다고 제가 낳은 자식을 땅에 묻어버리는 남편이라니. 만약 요즘이라면 100퍼센트 이혼이고, 신고부터 해야죠! 그런데 이때는 가정법원도 경찰서도 없었어요. 남편을 죽여버리고 싶은데 힘이 안 됐어요. 하늘의 신은 힘이 너무 강하니까요.

그래서 가이아는 꾀를 내, 앞서 낳았던 열두 남매를 불렀어요. "너희 아버지가 동생들을 못생겼다는 이유만으로 땅에 가뒀단다. 나는 절대 용서 못 해." 그러면서 품에서 뭔가를 꺼냅니다. 바로 날카로운 낫이었어요. "이 낫으로 너희 아버지를 내쫓아버리자! 누가 나서서 싸우겠니?" 가이아가 물어보는데, 자식들은 하나같이 아버지가 무서워서 나서지 못하고 벌벌 떨기만 하는 거예요.

혹시 1789년에 프랑스에서 어떤 일이 있었는지 아세요?

단꿈 프랑스혁명요!

설민석 그렇죠. 바로 그해에 한 학자가 원소를 발견했어요. 이것에 노출
되면 한없이 치명적인, 원자번호가 92번인 원소.

단꿈 혹시 우라늄?

설민석 맞아요, 우라늄! 하늘의 남신이자 티탄 남매의 아버지는 바로
우라노스Ouranos였습니다.
티탄 남매 모두 아버지 우라노스가 너무 무서워 눈치만 보고 있
을 때 누군가 손을 번쩍 들어요. "제가 하겠습니다!" 어라, 막내
아들 크로노스Cronos예요.
가이아가 크로노스에게 낫을 건네며 설명합니다. "네 아버지 우
라노스의 주요 부위를 공격해라. 그러면 더 이상 어떤 천지만물
도 탄생시키지 못하고 그저 이빨 빠진 호랑이가 되지." 생식 능
력을 제거하게 급소를 공격하라고 한 거예요. 그러면서 아버지
가 물러나면 다음 왕은 네가 될 거라고 약속합니다. 또 다짐도
하나 받아요. 왕위에 오르면 지하에 갇힌 불쌍한 동생들을 꺼
내달라고요. 크로노스는 가이아에게 약속을 지키겠다고 말하
고 낫을 건네받습니다.
자, 이제 결전의 밤이 찾아왔어요. 크로노스가 숨어서 기다리

크로노스에게 거세된 우라노스 • 조르조 바사리, 이탈리아 베키오궁전

는데, 갑자기 어둠이 내리고 저벅저벅 가이아에게 다가오는 우라노스의 발소리가 들려요. 얼마나 무서웠겠어요. 그래도 크로노스는 펄쩍 뛰쳐나와서 아버지의 주요 부위를 향해 낫을 휘두릅니다. 기습당한 우라노스는 그것을 잃고 무릎을 꿇고 말죠. 이렇게 해서 하늘의 신이 물러나고 크로노스가 이 세상을 지배하게 됩니다.

우라노스의 잘린 그것은 어떻게 됐을까요? 만유인력에 따라 지구로, 그중에서도 지중해에 풍덩 빠져 피거품으로 떠다녀요. 그러다가 거품 속에서 한 여신이 탄생하는데요. 이 모습을 그린 유명한 그림을 살펴볼까요?

그림과 신화

비너스의 탄생
산드로 보티첼리, 이탈리아 우피치미술관

한젬마 우리 모두가 아는 것처럼 가장 아름다운 여신이 탄생하는 순간을 그린 작품입니다. 보티첼리는 아름다운 여신을 어떻게 표현할지 고민을 많이 했어요.

왼쪽에는 서풍의 신 제피로스와 봄의 님프 클로리스가 있고요. 오른쪽에서는 계절의 여신 호라이가 비너스(아프로디테)를 맞이하고 있어요. 제피로스가 바람을 일으켜서 비너스(아프로디테)를 육지로 밀어주고 있는데요. 보티첼리는 눈에 보이지 않는 바람을 어떻게 표현했을까요? 바로 천이 휘날리고, 꽃송이가 날리는 순간을 묘사해서 바람이 느껴지게 했어요. 고민 끝에 탄생한 작가의 상상력입니다.

Ⅲ 크로노스에게 내린 저주

설민석　이로써 막내 크로노스가 아버지 우라노스를 밀어내고 드디어 왕이 됐습니다. 기쁨도 잠시, 숙제가 있었죠. 왕이 되면 지하 세계인 타르타로스에 갇힌 동생들을 구해주기로 가이아와 약속했잖아요. 하지만 크로노스는 꺼내주지 않습니다.
정치는 배신을 낳더라고요. 배신은 성공의 다른 이름이고요.

단꿈　대체 왜 약속대로 동생들을 꺼내주지 않는 거죠?

설민석　왕이기 때문에 안 꺼내줘요. 이방원이 자기 형제들을 왜 죽였겠어요. 위험하잖아요. 자신을 넘보지 않을까 두려워했죠. 크로노스도 그랬어요.
이런 크로노스를 지켜보는 가이아는 기분이 어땠을까요? 이전보다 더한 분노에 휩싸여서는 크로노스에게 저주를 퍼부어요. "네가 네 아버지를 내쳤듯이 너도 똑같이 네 자식 손에 내쫓길 것이다."
크로노스는 가이아의 저주를 듣고 노심초사합니다. 왜냐하면 부인 레아Rhea가 하필이면 다산의 여신이었거든요. 부인인데 사랑을 안 할 수 없잖아요. 부인을 안았는데, 다산의 여신답게 바로 아이가 생겨버렸어요. 첫 아이니 기뻐해야 마땅한데, 크로노

22

스는 가이아의 예언이 떠올라 공포를 같이 느낍니다. 눈에 넣어도 아프지 않을 딸을 낳아놓고서 그 딸이 혹시나 자신을 해치지 않을까 하고 별생각을 다하는 겁니다. 아기를 살리면 내가 죽고, 내가 살려면 아기가 죽어야 돼요.

여러분이라면 어떤 선택을 하시겠습니까? 쉽지 않겠죠. 크로노스는 어떻게 했을까요? 딸을 보며 고민하다가 끝내 입에 넣고 꿀꺽 삼켜버립니다. 없애버리기로 한 거

자식을 잡아먹는 크로노스 ◆
페테르 파울 루벤스, 스페인 프라도미술관

죠. 그리고는 또 아이를 가져요. 처음이 힘들지, 둘째부터는 아무 죄책감 없이 그냥 쑥쑥 삼켜버려요. 크로노스는 이렇게 다섯째 아이까지 다 잡아먹습니다.

♆ 크레타섬의 아이

설민석   레아가 여섯째를 또 임신해요. 레아는 이 아이까지 잡아먹히는 건 도저히 못 볼 것 같아서 가이아를 찾아갑니다. 가이아는 도움을 청하는 레아에게 비책을 알려주는데요. 바로 크레타섬으로 가서 크로노스 몰래 아이를 낳으라는 거였죠. 그 말을 듣고 레아는 크레타섬에 있는 한 동굴에서 아이를 낳습니다. 그랬더니 크레타의 님프들이 나타나서 아이를 지켜줘요. 레아는 혹여 크로노스에게 들킬까 봐 아이를 안아보지도 못하고 바로 떠나야 했어요.

만삭인 배가 줄어들었으니, 낳은 아이를 크로노스에게 보여줘야 하잖아요. 그래서 레아는 크레타섬에서 돌멩이를 하나 주워

크로노스와 레아 ◆ 카를 프리드리히 싱켈, 독일 국무성

아이처럼 보이게 강보에 돌돌 말아서 가져갑니다. 여섯째라고 속이고 돌멩이를 주니까 크로노스가 의심 없이 바로 꿀꺽 삼켜 버려요. 자기 아이인 줄 알고 돌을 삼킨 거죠. 이렇게 해서 크로노스의 여섯째 아이는 가까스로 목숨을 건집니다.

살아남은 아이는 자기가 누군지도 모르고 멋진 소년으로 성장해요. 어느 날 바닷가에서 뛰놀며 고기를 잡고 있는데, 저쪽에서 바닷바람을 가르고 한 여인이 다가오는 거예요. 이윽고 가까이 다가온 여인에게 소년이 눈이 휘둥그레져서 "누구신가요?" 하고 묻죠. 그러자 여인이 소년을 바라보며 대답해요. "I am your grandmother!" 바로 가이아였어요.

가이아가 소년에게 출생의 비밀을 말해줍니다. 네 할아버지를 네 아버지가 내쫓았고, 네 아버지가 네 앞에 태어난 다섯 형제

제우스의 어린 시절 • 야콥 요르단스, 프랑스 루브르박물관

를 다 잡아먹었고, 그래서 네가 이렇게 숨어서 지내는 거라고요. 마치 막장 드라마 같은 이야기를 해주고 나서 네 아버지에게 자식 손에 쫓겨나는 저주를 걸었다며 "이제 네가 예언을 실행할 때다!"라고 말합니다.

크레타섬에서 잘 지내던 아이가 이 말을 덥석 믿을 수가 있나요. 오히려 겁이 났겠죠. '내가 그 무서운 크로노스를 죽일 수 있을까?' 고민하다가 가만히 생각해보니까 이런 생각도 들어요. '내 아버지도 똑같은 고민을 하고 두려워하면서도 분명 해냈잖아! 그러면 아들인 나도 해낼 수 있지 않을까?' 그래서 가이아에게 자신이 해보겠다고 말합니다.

가이아는 감격합니다. "그래, 숲의 님프가 염소젖을 먹이면서 어린 너를 키웠고, 네가 울 때면 크로노스가 들을까 봐 방패를 쳐서 그 소리를 막았단다. 그리고 네 이름 제우스Zeus는 하늘의 아버지라는 뜻이란다. 너는 반드시 해낼 수 있을 거야!"

네. 바로 이 아이가 그리스 로마 신화의 시작, 제우스입니다. 그리고 가이아는 크로노스를 이길 수 있는 비장의 무기를 제우스에게 건네는데요. 과연 이 비장의 무기는 무엇이었을까요?

Ⅲ 친부 살해 이야기, 그 의미는?

단꿈   김헌 교수님, 그리스 로마 신화에서 계속 친아버지를 죽이는 이야기가 나오잖아요. 이렇게 아버지를 죽이는 이야기가 반복되는 것에 어떤 숨은 뜻이 있을까요?

김헌   정확히 말하자면, 아버지를 밀어내는 역사가 계속되고 있어요. 이것을 조금 강하게 표현하면, 아버지라는 의미의 '파트로Patro', 죽인다는 의미의 '크토니아Ktonia'를 합쳐서 '파트로크토니아Patroktonia'라고 합니다. 사실 신이니까 죽지는 않잖아요? 결국 아버지의 존재 이유 또는 아버지의 권력을 죽인다는 은유적인 의미로 해석할 수 있어요.

제가 아이들에게 이런 이야기를 가르쳐주면 걱정하는 학부모들이 계세요. 아이들이 부모에게 버릇없이 굴지 않겠느냐고요. 그런데 재미있게도 이 걱정은 이미 기원전 4세기 그리스 아테네에서도 했어요. 몇 천 년 전에도 똑같은 고민을 했던 거죠. 최고의 철학자라 불리는 플라톤은 『국가』라는 책에서 아이의 교육 단계를 설명하는데요. 바로 첫 단계로 해야 할 교육이 '이야기 교육'이라고 말합니다.

교육이란 기성세대가 새로운 세대에게 가르쳐주는 거잖아요? 원래 그리스에서는 나쁜 이야기가 아이들의 영혼을 망가뜨리기 때문에 좋은 이야기만 가르쳐야 한다고 했어요. 그 나쁜 이야기의 표본이 바로 앞서 등장한 크로노스 이야기였죠. 당시 그리스 전역에서 이루어지던 교육의 주요 콘텐츠가 바로 신화였거든요. 그런데 플라톤이 여기에 딴지를 건 거예요. 플라톤이 소크라테스를 주인공으로 작품을 쓰는데요. 이 작품 속 소크라테스가 크로노스 이야기를 훤히 알고 있거든요. 플라톤이 소크라테스한테 "스승님께서는 그 얘기를 어떻게 아시죠?" 하고 물으니까 어려서 배웠다고 대답해요. 그러니까 이런 질문이 되돌아와요. "나쁜 이야기를 배웠는데 어떻게 그렇게 훌륭한 철학자가 되셨어요?"

설민석   역설이네요.

김헌   그러니까 나쁜 이야기는 가르쳐주면 안 된다고 액면 그대로 받아들이는 대신 플라톤의 역설을 받아들인다면, 신화가 상당히 가치 있는 교육 콘텐츠라는 걸 알 수 있어요. 어른들은 항상 "이거 해라 저거 해라" 말하면서 "다 너 잘되라고 하는 얘기야"라고 덧붙이잖아요. 그리스인들은 달랐어요. 신화를 통해서 "우리는 이렇게 꼰대야. 너희를 가둘 수밖에 없어"라고 고백해요. 여기서 저는 그리스인들이 굉장히 솔직하게 교육했구나 느꼈습니다. 우리가 앞서 하늘의 신 우라노스와 대지의 여신 가이아가 사랑을 나누었다고 말했지만, 사실 우라노스는 가이아가 낳은 자식이기도 해요. 가이아는 이외에도 산의 신, 바다의 신 등 많은 아이들을 낳았어요. 그리고 이 아이들에게 "너는 여기 있고, 너는 저기 있어라"라고 제자리를 가르쳐줬어요.

한젬마 "너는 의대 가고, 너는 법대 가고, 너는 음대 가라"는 식으로 말이죠.

김헌 그래요. 만약 자식들이 가이아 여신의 말을 다 잘 들었으면 아무 변화도 없었겠죠. 그런데 우라노스가 여기에 반항한 거예요. 엄마이자 아내인 가이아를 누르고 우라노스 본인이 왕이 됐거든요.

여기서 신화는 우리에게 이런 이야기를 해줘요. "어른들의 특징은 기존의 틀에 너희를 가두는 거야. 그런데 너희가 끝까지 그 안에 갇혀 있으면 너희의 시대는 오지 않아. 역사는 발전하지 않고 질서는 변하지 않아. 그러니까 반항해야 돼. 뚫고 나와야 돼!"

저는 이 교육이 너무 놀라워요. 세대 갈등을 부정적으로만 여긴 게 아니라 역사를 변화시키는 긍정적인 에너지로 본 거잖아요. 신화가 어쩌면 서구 교육의 근간이 아닐까 생각해요. 그렇게 해서 그리스가 끊임없이 정치 체제를 발전시키고 이후에 민주주의

도 탄생시키고, 이게 로마로 이어지고, 서구 세계를 지배하고, 서구 중심의 세계화를 만든 게 아닌가. 이렇게 연결해볼 수 있는 거죠. 이야기가 가지는 힘, 신화만이 가진 힘이 분명 있습니다.

Ⅲ 새로운 왕의 등장

단꿈   뒷이야기가 너무 궁금해요. 가이아가 제우스에게 알려준 비장의 무기가 뭐였나요?

설민석   가이아가 제우스에게 건넨 비장의 무기는 먹으면 바로 토하는 구토제였어요. 가이아가 정말 머리가 좋구나 하고 두고두고 느껴요. 지금도 제우스 혼자서는 절대 크로노스를 이길 수 없다는 걸 알고, 크로노스 배 속에 든 형제들을 꺼낸 다음에 그들과 연합해 싸우라고 알려주잖아요. 함께 싸우면 분명히 크로노스를 이길 수 있다면서요.

제우스는 곧바로 크레타섬을 떠나, 자신을 낳아준 엄마 레아를 찾아갑니다. 크레타섬에서 온 평범한 청년이라면서 크로노스 왕의 시종을 시켜달라고 하죠. 그런데 청년을 바라보는 레아의 눈빛이 떨립니다. 제우스가 자신의 아이임을 알아본 겁니다. 그렇지만 제우스는 이미 크로노스가 삼킨 것으로 돼 있으니 안다고 말도 못 하고. 요청대로 크로노스의 시종으로 붙여주죠.

제우스는 크로노스를 모시며 조용히 때를 기다리다가, 신들이 마시는 술인 넥타르와 신들이 먹는 음식인 암브로시아에 구토제를 넣고 크로노스에게 건넵니다. 아무것도 모르는 크로노스는 음식을 먹자마자 갑자기 입을 막더니, 토하기 시작해요. 돌덩이를 시작으로 이제까지 삼켰던 헤스티아, 헤라, 데메테르, 하데스, 포세이돈을 쏟아냈습니다. 형제들이 모두 나오자 지켜보던 제우스가 외쳐요. "형님들, 누나들 어서 모여요! 우리 같이 힘을 합쳐 자식을 삼킨 저 크로노스를 제압합시다!"

> 가이아의 무척이나 영리한 제안에 속아,
> 비뚤어진 기지를 지닌 위대한 크로노스는 자식을 도로 토해냈다.
> 자기 자식의 간계와 무력에 패배한 채.
> 먼저 그는 맨 마지막에 삼켰던 돌을 토했다.
>
> ─헤시오도스, 『신들의 계보』

자식들은 이렇게 아버지 무릎을 꿇렸어요. 크로노스는 결국 어머니 가이아의 예언이 이루어졌음을 깨달으며 쫓겨납니다.

그러고 나서 제우스가 왕이 됩니다. 형제들도 구해줘서 너무 고맙다며, 제우스를 신들의 왕으로 인정한 거죠. 제우스가 즉위식을 준비하는데, 전쟁의 신호가 날아옵니다. 도대체 그 누가 하늘의 아버지, 제우스에게 전쟁을 선포했을까요?

크로노스는 가이아가 낳은 티탄 열두 남매 중 막내잖아요. 그 티탄들이 볼 때는 권력이 조카인 제우스한테 넘어간 거예요. 그럼 자기들 힘이 약해지겠죠. 그래서 인정하지 못하고, 제우스와 왕위를 건 한판 승부를 벌이기 위해 연합군을 만들어 쳐들어옵니다. 이것이 신들의 전쟁, 그 시작입니다.

Ⅲ 신들의 전쟁, 티타노마키아

설민석   제우스도 형제인 포세이돈Poseidon, 하데스Hades와 연합해요. 여러 신들은 어느 편에 줄을 서야 할지 몰라 슬렁슬렁했어요.

티탄 가운데에도 제우스 쪽으로 넘어온 신들이 있어요. 대표적인 신이 바로 승리의 여신 니케입니다.

그리고 꼭 기억해야 할 중요한 인물이 나오는데, 바로 프로메테우스Prometheus입니다. 프로메테우스는 미래를 볼 수 있는 신이거든요. "저희 쪽에 서주지 않

승리의 여신의 우의화 ◆
마티유 르 냉, 프랑스 루브르박물관

겠습니까?" 제우스가 이러면서 설득하죠. 프로메테우스는 제우스가 승리의 깃발을 들고 서 있는 미래를 내다보고, 이 제안을 받아들여 합류합니다.

이 티탄과의 전쟁을 티타노마키아^{Titanomachia}라고 하는데요. 티탄을 가리키는 '티타노^{Titano}'와 전쟁을 뜻하는 '마키아^{Machia}'를 합해서 만든 말입니다.

거대한 티탄들이 함성을 내지르며 몰려오기 시작합니다. 제우스도 이에 맞서 달려 나가는데요. 미래를 보는 프로메테우스가 티탄들이 어디를 폭격할지, 어디로 상륙할지 다 알려줍니다. 그런데도 밀려요. 거대한 티탄들을 상대할 수가 없는 거예요. 체격부터가 너무 다르잖아요.

이들은 엎치락뒤치락 십 년이나 싸웁니다. 너무 많이 얻어터져서 이럴 거면 차라리 죽는 편이 나을 것 같은데, 신이라서 죽지도 않아요. 제우스는 "더 이상은 안 되겠다. 승부를 봐야겠다"라면서, 전황을 뒤집기 위해 해결사를 찾아갑니다. 해결사가 누구였을까요? 바로 할머니, 가이아였어요.

제우스가 어떻게 하면 좋겠냐고 물어보자, 가이아는 전쟁에서 이길 수 있는 비책을 알려줍니다. "네 할아버지인 우라노스가 타르타로스에 가두고, 네 아버지인 크로노스가 꺼내주지 않은 삼촌들에게 가서 도움을 청해봐라." 우라노스와 크로노스가 모두 두려워했던 삼촌들의 힘을 제우스의 능력으로 삼으라고 알려준 거예요. 제우스가 지하 세계로 가려면 어디로 들어가야 되느냐고 물어보자, 가이아가 배를 열어줘요. 가이아는 대지의 여신이잖아요. 자신의 배 속, 즉 땅속으로 들어가면 저 깊은 지하 세계인 타르타로스로 갈 수 있다고 말해주죠.

제우스는 그렇게 지하 세계로 들어가서 삼촌들을 만납니다. 외눈박이 거신 키클롭스, 백 손 거신 헤카톤케이르를 만난 거예요. 제우스가 당신들을 여기에 가둬놓고 꺼내주지 않은 당신들의 형제 티탄을 몰아내자고 제안합니다. 자신과 함께 신세계를 만들자고 한 거예요.

이야기를 들은 삼촌들은 제우스와 뜻을 합칩니다. 기술이 뛰어난 대장장이 키클롭스 형제는 좋은 무기를 만들어줍니다.

단꿈   번개죠? 그 유명한 제우스의 번개가 이렇게 만들어진 건가요?

설민석   맞아요. 제우스에게 무기가 생겼어요. 또 포세이돈은 파도를 가를 수 있는 창을 받아요. 혹시 마세라티라는 차 아세요? 그 차의 유명한 엠블럼이 포세이돈의 삼지창이죠.

저승의 신인 하데스는 머리에 쓰면 몸이 투명해져서 다른 사람에게 보이지 않는 투명 투구를 받습니다.

무기도 손에 넣었겠다, 두려울 게 없어진 제우스는 다시 달려 나갑니다. 몰려드는 티탄 앞에서 제우스가 번개를 들어 땅에 찍으

신과 티탄들의 전쟁 • 요아힘 브테바엘, 미국 시카고미술관

니까 하늘에서 벼락이 쏟아져요. 그 섬광에 티탄의 눈이 멀죠.
포세이돈이 바다에서 삼지창을 휘두르니까 파도가 확 밀려들
고, 하데스가 투명 투구를 쓰고 동에 번쩍 서에 번쩍 하니까 티
탄들이 난리가 납니다.

이제 티탄들을 몰아낼 수 있다고 환호하는데, 웬걸요. 저 멀리
서 티탄들이 눈이 먼 채로, 팔이 빠진 채로 좀비처럼 쿵쿵 다가
오는 거예요. 그렇게 강력한 무기의 도움을 받았는데도, 프로메
테우스가 미래를 알려주는데도, 도저히 저 무시무시한 티탄들
을 이길 수가 없는 겁니다.

절망한 하데스가 제우스한테 이야기해요. "제우스야, 우리는 여
기까지인가 보다. 너와 함께한 걸 영광으로 생각한다. 지하에서
만나자." 제우스가 "세상이 왜 이렇게 힘들어, 하데스 형!" 하고

티탄족의 몰락 ◆ 페테르 파울 루벤스, 벨기에 브뤼셀왕립미술관

절규하는데, 갑자기 주변이 어두워지는 거예요. 그러더니 가장 앞에서 달려오던 티탄들부터 거대한 돌덩이에 맞아 쓰러지기 시작합니다. 제우스가 놀라서 하늘을 쳐다봤더니 집채만 한 바위 수백 개가 하늘을 뒤덮어서 태양을 가리고 있어요. 뒤를 돌아보니까, 손이 100개인 삼촌들이 티탄들을 향해 돌을 던지고 있는 게 아니겠어요? 조카 제우스가 힘들까 봐 도와주러 온 거예요.

그리하여 그들은 강건한 팔로 300개의 바위를 잇따라 퍼부었고,
그 무기들로 티탄들 위에 그늘을 드리웠다.

—헤시오도스, 『신들의 계보』

프로메테우스의 예보 아래, 육지에서는 제우스가 번개를 날리고, 하데스가 투명 투구를 쓴 채 동에 번쩍 서에 번쩍 방어하고, 바다에서는 포세이돈이 파도를 날리고, 백손이 삼촌들이 결정적인 지원을 해서 티타노마키아는 제우스 진영의 승리로 끝을 맺습니다.

🏛 왕이 된 제우스, 권력의 배분

설민석   이제 제우스가 진정한 왕이 됐습니다. 제우스는 앞으로 뭘 해야 할까 고심해요. 왜냐하면 할아버지도, 아버지도 권력을 잡았지

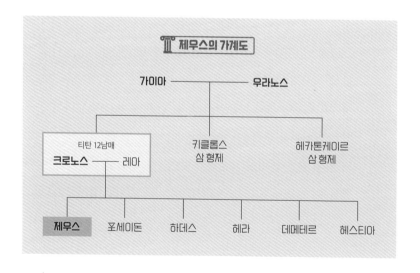

만 끝내 지키지 못하고 쫓겨났으니까요. 왜 그렇게 됐을까 생각해보니 권력을 자신에게만 집중시키는 독재를 했던 거예요. 그래서 제우스는 권력을 나누겠다고 결심합니다. 자기와 함께 싸운 포세이돈, 하데스, 헤라, 데메테르, 헤스티아, 그리고 자기 자식들을 포함한 가족 신들을 모아서 올림포스 12신을 만들었어요.

타르타로스에 있었던 삼촌들, 승리의 일등 공신인 그들에게도 소원을 말해보라고 해요. 그리고 각자가 원하는 자리에, 각자의 능력을 고려해서 배치해주죠. 멋진 무기를 만들어준 눈이 하나뿐인 키클롭스 삼촌들에게는 대장간을 만들어주고, 손이 100개인 헤카톤케이르 삼촌들에게는 타르타로스에 갇힌 티탄족을 감시하는 교도관 역할을 맡깁니다. 그리고 전쟁에서 최고의 활약을 한 프로메테우스에게는 책사, 자문의 역할을 주고요.

그런데 이 프로메테우스만이 문제가 돼요. 이 이야기는 다음 시간에 이어서 할게요.

마무리하자면 그리스 로마 신화는 단순히 아들이 엄마와 손을 잡고 아버지를 해친 그런 막장 드라마로만 볼 게 아니에요. 이야기 속의 숨은 의미를 오늘날의 삶에 대입해보면 정말 큰 감동을 받을 수 있을 겁니다. 삶의 지혜이자 길잡이라고 할 수 있죠.

번개에 맞은 티탄 • 프랑수와 뒤몽, 프랑스 루브르박물관

그림과 신화

제우스의 양육
니콜라 푸생, 영국 덜위치미술관

한젬마 그리스 로마 신화에서 제우스의 비중이 어마어마하잖아요. 그런 만큼 제
우스는 여러 화가들의 단골 주인공이었어요. 어린 시절부터 조명되는데
요. 위의 그림은 니콜라 푸생이 그린 <제우스의 양육>으로, 제우스에게
염소젖을 먹이는 장면입니다.
제우스가 젖을 먹는 그림도 여러 작가들이 다양하게 연출하고 표현했는
데요. 니콜라 푸생은 제우스에게 직접 염소젖을 물렸어요. 구도를 보면
중앙에 염소와 제우스를 배치해서, 제우스가 염소젖을 먹으면서 컸다는

사실을 강조하고 있죠. 또 목동이 염소 뿔을 잡아서 잘 먹을 수 있게 하고요. 목동 왼쪽으로 염소가 여러 마리 있죠? 제우스를 아주 배불리 먹일 수 있게 준비한 거예요.

설민석 그림을 보니 조금 짠하네요. 엄마 품에 있어야 하는데, 떨어져 지내야 했던 거잖아요. 제우스의 어린 시절이 불쌍하게 느껴져요.

김헌 보는 사람마다 다를 수 있는데요. 엄마 품에 있어야 할 아이가 가족과 떨어져 있으니 짠해 보일 수도 있죠. 그런데 저는 제우스의 어린 시절이 불행하다는 생각이 잘 안 들어요. 왜냐하면 엄마, 아빠와는 떨어져 있지만, 그림처럼 항상 님프들이 따뜻하게 보살펴주고, 쿠레테스라는 호위 무사들이 제우스에게 어렵고 힘든 위기가 올 때마다 지켜주거든요. 생각해보면 나름대로 안락하고 편안한 생활을 했던 거죠.
그래서 가이아로부터 크로노스에게 도전하라는 말을 들었을 때 제우스는 아버지에 대한 두려움도 있었겠지만, 이런 안락한 일상을 벗어나야 한다는 두려움도 있었던 거예요. 제우스 입장에서는 '내가 왜 굳이 이 안락한 생활을 버리고 도전해야 하는가?'라는 의문이 들 수 있었겠죠.

Ⅱ 어떻게 권력을 지킬 것인가

김헌 전쟁이 끝난 뒤, 제우스의 첫 번째 고민은 어떻게 하면 권력을
얻을 수 있는가였어요. 그다음 고민은 어떻게 권력을 지킬 것인
가였는데요. 우라노스와 크로노스의 실패 원인이 권력을 독점
하려고 했기 때문이라는 결론을 내리고, 제우스는 권력을 나눴
습니다. 권력을 나누는 것이 자신의 권력을 가장 확고하게 지키
는 방법일 수 있겠다고 판단한 거죠.

설민석 그러면 자신의 권력을 지키기 위해 권력을 나눈 거네요. 영리하
네요.

김헌 왜냐하면 내 옆에 있는 사람은 자신이 가진 것을 지키기 위해
내 편이 돼주거든요. 그런데 권력을 독점하면 옆에 있던 사람은
권력에서 소외되니까 그 권력을 지키는 데 아무 욕망을 느끼지
못하죠.
게다가 그 권력을 나누는 방식이 제비뽑기였어요. 굉장히 영리
한 방법으로 권력을 나눈 거예요.
그리스인들은 신화에 왜 이런 이야기를 만들어 넣었을까요? 인
류는 새로운 세대와 기성세대가 끊임없이 갈등해왔고, 이를 일
반화하면 권력 투쟁의 역사라고 할 수 있잖아요. 그럼 어떻게

할 때 가장 훌륭한 지배 체제가 형성되는가, 어떨 때 가장 훌륭한 권력 구조가 형성되는가, 이런 고민이 생겼을 거예요. 그러다가 권력을 적절히 나눠서 각자가 자유와 권한을 가지고, 자기 일을 책임 있게 할 수 있게 만드는 체제가 가장 훌륭하지 않을까 생각했던 것 같아요. 이 결론을 신화에 담아낸 거죠.

제우스의 이야기는 단순히 재미있는 옛날이야기나 전쟁 이야기가 아닌 거예요. 그리스인들이 아주 긴 시간 동안 고심했던 권력 구조의 이상적인 모습을 정리해서 신화에 담아놓은 거라고 볼 수 있죠. 신화가 가진 상징적 의미는 그리스인들이 수천 년 동안 고민한 지혜의 결정체이며, 이를 교훈 삼아 좋은 정치 체제를 만들고 확산시켜왔다고 볼 수 있어요.

✳ 신화는 우리에게 이런 이야기를 해줘요. "어른들의 특징은 기존의 틀에 너희를 가두는 거야. 그런데 너희가 끝까지 그 안에 갇혀 있으면 너희의 시대는 오지 않아. 역사는 발전하지 않고 질서는 변하지 않아. 그러니까 반항해야 돼. 뚫고 나와야 돼!"

판도라의 항아리

프로메테우스는 물과 흙으로
인간들을 만든 후,
제우스 몰래 거대한 회향나무에
불을 숨겨 그들에게 주었다.

—아폴로도로스, 『비블리오테케』

판도라의 항아리

☏ 제우스와 프로메테우스

설민석 왕이 된 제우스는 신들의 산이라 불리는 올림포스산에 형제와
자식을 포함한 가족 신들로 이루어진 정부를 세웁니다. 그러면
서 티타노마키아의 일등 공신인 프로메테우스를 견제하죠. 프
로메테우스는 순수 직계혈통이 아니거든요. 티탄족이라 제우스
와는 사촌지간이에요. 문제는 그의 능력이 너무 출중하다는 겁
니다. 미래를 보니까요.

한번 생각해보죠. 갑자기 돈과 권력이 생기면 어떨까요?

단꿈 너무 행복하지 않을까요?

티탄 신족의 추락 • 코르넬리스 판 하를럼, 덴마크 코펜하겐국립미술관

설민석　행복할 수 있는데 대가가 따르더라고요. 제우스는 불안해서 잠을 못 자요. 원래 적은 내부에 있잖아요. 주변인들 가운데 자신을 몰아낼 자는 프로메테우스밖에 없겠다 싶었던 거예요. 미래를 보는 능력이 두려웠던 거죠. 그래서 책사나 자문 정도의 자리만 주고 실권은 주지 않습니다. 프로메테우스가 기분이 좋을 리 없겠죠.

이때 지상은 어땠냐 하면 아수라장이었어요. 티타노마키아로 초토화됐으니까요. 제우스는 재건 정도로는 어림없고, 재생을 해버려야겠다고 생각해요. '저기에 생명체를 가져다 뿌리면 어떨까? 만약 지렁이가 있어. 그럼 똥을 누겠지. 그게 비료가 돼 새싹이 자라고 자연이 순환하면서 저절로 옥토로 변하지 않을까? 그러려면 누군가 내려가서 생명체를 만들어야 하는데, 누가

가는 게 좋을까?'

"아! 프로메테우스, 자네가 가지!"

> 프로메테우스는 제우스의 명령에 따라
>
> 인간들과 짐승들을 만들었다.
>
> —아이소포스, 『우화들』

혼자 가면 외로우니까 동생 에피메테우스Epimetheus를 같이 보내요. 에피메테우스는 형처럼 미래를 보는 능력도 없고, 눈치도 없고, 일이 다 벌어지고 난 다음에 후회하는 쪽이죠.

책의 앞부분, 뒷부분의 글을 부르는 말이 있죠? 프롤로그와 에필로그. 바로 이 형제의 이름과 같은 의미를 갖고 있습니다.

땅에 내려온 에피메테우스는 뭔가를 만들기 시작합니다. 내려올 때 신들이 산타클로스처럼 보따리를 하나 줬는데, 거기에 신

• 프로메테우스(Prometheus)
→ Pro는 '~앞에'라는 뜻으로, 작품 첫머리에 나오는 글인 '프롤로그(Prologue)'에도 쓰인다.

• 에피메테우스(Epimetheus)
→ Epi는 '~나중에'라는 뜻으로, 작품 끝에 나오는 글인 '에필로그(Epilogue)'에도 쓰인다.

들의 축복이 들어 있었거든요. 발톱, 이빨, 가죽, 날개, 아가미…… 이런 것들이었어요. 에피메테우스는 이것들로 물고기도 만들고, 조개도 만들고, 호랑이도 만들고, 이것저것 만들어요. 프로메테우스는 좀 특별한 구상을 합니다. 신들의 형상으로 신들에 근접할 수 있는, 그런 생명체를 만들어야겠다고요. 그리고 흙을 빚어 자신의 모습과 닮은 형상을 만들어요. 머리도 만들고 눈, 코, 입, 팔과 다리도 만들고요. 프로메테우스는 인간을 만든 거예요.

'오! 내 새끼에게 어떤 축복을 줄까? 너는 신에 근접해야 하니까 독수리의 날개도 주고 사자의 이빨도 달아줘야겠다. 그리고 또 뭘 줄까? 호랑이의 발톱도 줄게. 물고기의 아가미까지.' 이렇게

진흙으로 인간을 만드는 프로메테우스 ◆
콘스탄틴 한센, 개인 소장

신의 축복을 몰아주기로 계획합니다. 그리고 동생 에피메테우스한테 가서 보따리 좀 열어보라고 하죠. 그런데 재료를 다 썼다는 거예요. 날개도 없고, 발톱도 없고, 심지어 날카로운 이빨도 없어요. 큰일 났어요! 줄 게 아무것도 없어요. 혼자서는 살아남을 수 없는 가장 약한 생명체를 만들어버린 겁니다.

☞ 프로메테우스의 불

설민석 어느 날, 제우스가 지상을 내려다봤더니 별이 내린 것처럼 반짝반짝해요. 인간들이 잘사는 것 같아요. 인간들이 다행히 불을 쓸 수 있게 되고, 또 프로메테우스에게 지혜와 다양한 기술을 배워서 문명을 이룬 거죠. 그걸 본 제우스는 인간들에게 조공을 바치라고 합니다. 당황한 인간들이 누구를 찾아가겠어요. "아빠~" 하면서 프로메테우스를 찾아갑니다.

조공을 바치긴 해야겠는데, 인간들도 먹여 살려야죠. 그래서 프로메테우스는 꾀를 냅니다. 인간들에게 소를 잡아서 너희가 좋아하는 살코기와 내장을 따로 모아 그 위에 까칠한 소가죽을 덮어놓으라고 해요. 맛없어 보이게. 뼈는 다른 데 모아놓고 지방과 비계로 덮어 먹음직스럽게 보이게 하고요. 그런 다음 제우스에게 조공을 고르라고 하면 100퍼센트 지방과 비계가 있는 쪽을 가져갈 거라고요.

제우스는 이 계획을 다 알았지만, 그냥 모른 척하고 일부러 지방과 비계를 고릅니다. 가져가서 비계를 뒤집어보니, 역시나 먹을 수 없는 뼈만 잔뜩인 거예요. 제우스는 이걸 꼬투리 잡아 크게 화를 내고, 인간들의 불을 회수해 갑니다. 오늘날로 따지면 전기가 사라진 거예요!

"어떻게 불을 빼앗아 가!" 흥분한 프로메테우스는 자식들을 위해서라면 못 할 게 없는 아빠의 심정으로 불을 구하러 올라갑니다. 그리고 들고 간 회향나무에 불을 붙여 와서 인간에게 불을 줘버려요.

프로메테우스는 물과 흙으로 인간들을 만든 후,
제우스 몰래 거대한 회향나무에 불을 숨겨 그들에게 주었다.

―아폴로도로스, 『비블리오테케』

제우스는 이제 화가 머리끝까지 났어요. "감히 내 불을 훔쳐?" 이건 절도 수준이 아니고요. 오늘날로 따지면 국가 기밀을 다른 나라에 빼돌린 스파이 행위죠. 거의 반역에 해당하는 죄를 지은 거예요.

분노한 제우스는 프로메테우스에게 극한의 벌을 내려요. 코카서스산맥 협곡 꼭대기에 프로메테우스를 묶어놓고, 자신을 상징하는 독수리를 보내 간을 쪼아 먹게 합니다.

그런데 눈이나 입술도 굉장히 아플 텐데, 왜 하필 간을 쪼게 했을까요?

단꿈 간신배라서? 간이 부어서? 아! 간이 회복력이 있어서?

설민석 간은 재생이 되는 장기예요. 그래서 간이 재생되면 독수리가 또 쪼아 먹고, 재생되면 또 쪼아 먹어요.

프로메테우스가 너무나 고통스러워합니다. 그런데 프로메테우스가 누굽니까. 티타노마키아의 일등 공신에 전우들도 많잖아요. 다른 신들이 와서 그를 설득합니다. "야, 프로메테우스, 넌 전쟁 공신 아니야? 왜 이러고 있어? 제우스한테는 못 이겨. 그냥 가서 무조건 잘못했다고 해!"

하지만 프로메테우스는 꿈쩍도 안 해요. "내가 잘못했으면 잘못했다고 하겠습니다. 그런데 나는 우리 아이들이 부당한 요구를 받아서 거기에 맞선 것뿐입니다. 또 내가 불을 훔쳤다고 하는데, 겨울에 얼어 죽고 절망스러워 눈물 흘리는 내 아이들을 위해 아비로서 도리를 다한 것뿐이라고요. 만약에 시간을 되돌린다 해도 똑같이 할 겁니다. 나는 절대로 무릎 꿇지 않아!"

단꿈 와~! 끝까지 인간의 편을 들어주네요.

설민석　제우스가 이 얘기를 듣고 생각하죠. '안 되겠구나. 간을 쪼아 먹히는 거로는 안 되는구나. 그러면 가장 잔인한 고통을 선물하겠다. 네가 가장 소중히 여기는 걸 내가 빼앗아주마.'
　　　　　과연 프로메테우스가 가장 소중히 여기는 게 뭘까요? 잠시 후에 공개합니다.

단꿈　제우스와 프로메테우스의 관계를 어떻게 봐야 할까요?

사슬에 묶인 프로메테우스 • 페테르 파울 루벤스, 미국 필라델피아미술관

김헌   이 이야기의 가장 유명한 판본은 기원전 5세기에 활동했던 아이스킬로스의 『결박된 프로메테우스』입니다. 아이스킬로스는 고대 그리스 3대 비극 작가 중에 첫 번째로 꼽히는 사람이죠. 당시에는 정치적으로 민주주의가 막 발전하는 상황에서 기득권을 가진 귀족, 왕족 세력과 시민들 사이에 묘한 갈등이 있었어요. 이야기 속 프로메테우스의 근본적인 힘은 인간에 대한 사랑에서 나옵니다. 이것을 민중에 대한 사랑, 그리고 프로메테우스는 민중을 위해 싸우는 민주 투사로 그렸다고 해석할 수 있어요. 아이스킬로스가 프로메테우스의 편에 서서 이야기를 썼다고 볼 수 있죠.

모든 문학작품은 현실을 재현하고 모방하는 것이라고 하잖아요. 아이스킬로스가 이 작품을 수많은 아테네 시민들 앞에 올렸을 때는 단순히 옛날이야기를 한 게 아니라, 정치적·사회적 메시지를 던진 거예요. 그렇게 당시의 정치적 상황이 작품에 녹아 있다고 본다면, 제우스와 프로메테우스 사이에서 벌어진 일은 권력을 잡은 자와 권력에서 소외된 자의 갈등이라고 말할 수 있습니다. 기득권에 대항해 새롭게 권력을 형성해가던 민주정을 대표하는 인물이 바로 프로메테우스라고 얘기할 수 있고요.

단꿈   프로메테우스가 저렇게 고통받은 까닭은 인간을 만들었기 때문일까요?

김헌 작품마다 다양한 이야기가 있습니다. 기원전 3~4세기까지만 해도 인간을 만든 창조주가 프로메테우스라는 내용을 찾아보기 어려워요. 고대 그리스 철학자 플라톤은『프로타고라스』라는 작품에서 올림포스 신들이 인간을 만들었다고 하죠. 그러다 기원전 1세기에서 기원후 1~2세기 사이에 프로메테우스가 인간을 만들었다는 이야기가 등장합니다.

이건 이렇게 추정해볼 수가 있어요. 인간을 제우스나 올림포스 신들이 만들었다면, 프로메테우스가 인간을 위해서 그렇게까지 애쓰며 싸울 이유를 찾기 힘들죠. 설명이 잘 안 되잖아요. 그래서 '혹시 프로메테우스가 인간을 만들어서 그런 게 아닐까?'라는 '프로메테우스 인간 창조설'이 나온 게 아닌가 싶어요. 고대 로마 시인 오비디우스가 쓴『변신 이야기』에서는 프로메테우스가 하늘에서 내려온 신성한 흙으로 인간을 만들었을 것이라고 해요. 모든 생명체 중 유일하게 인간만이 하늘을 바라보는 것도 하늘에서 내려온 흙으로 만들어졌기 때문이라는 거죠. 다른 짐승들은 대지의 흙으로 만들어졌기 때문에 시야가 아래를 향하고 있고요.

그림과 신화

프로메테우스의 형벌
귀스타브 모로, 프랑스 귀스타브 모로 박물관

한젬마 프로메테우스가 형벌을 받는 모습을 멋지게 그린 그림들이 있어요. 이 작

품 좀 보세요. 프로메테우스가 결박당한 채 독수리에게 간을 쪼아 먹히

고 있어요. 그런데 프로메테우스가 고통스러운 것 같나요?

단꿈　아니요. 약간 저항하는 것 같은 표정인데요!

한젬마　상체도 흐트러짐 없이 꼿꼿하죠. 어떤 상황에도 굽히지 않는 의연한 자세
를 취하고 있어요. 프로메테우스가 앞을 바라보는 사람이잖아요. 그 부
분을 강조한 거예요. 이렇게 삶을 살아야 한다는 메시지를 전달하는 그림
이라고 생각해요.

⚖ 제우스의 응징

설민석 아무리 회유해도 프로메테우스는 요지부동이에요. 제우스가 너무 화가 나서 프로메테우스에게서 제일 소중한 걸 **빼앗아주** 겠다고 해요. 바로 인간 말이에요. 제우스가 인간 절멸 프로젝트를 구상합니다.

사실 제우스는 번개 하나로도 인간을 끝장낼 수 있어요. 하지만 그렇게 하지 않습니다. 자기 손에 피를 묻히지 않고 인간들끼리 서로 죽이는 방법을 생각하죠. 그래서 인간을 절멸시킬 또 하나의 생명체를 만듭니다. 그 생명체가 뭘까요? 바로 여자입니다. 그동안은 남자밖에 없었거든요. 그래서 대장간의 신 헤파이스토스Hephaestos에게 흙으로 여자를 만들어달라고 하죠.

완성된 인간 여자를 보고, 신들도 너무 신기해합니다. 물론 그때도 이미 여신은 있었어요. 여자 님프도 있었죠. 하지만 인간 여자는 없었잖아요! 지나가던 아프로디테Aphrodite가 인간 여자를 봐요. "어머, 너무 예쁘다! 선물 하나 줄까?" 이러면서 자신의 아름다움을 줍니다. 또 저쪽에서 아폴론Apollon이 나타나요. 아폴론은 리라 연주를 잘하거든요. "네가 인간 최초의 여자야? 내 연주 실력도 줄게." 헤르메스Hermes도 인간 여자에게 선물을 하는데, 바로 자신의 말솜씨였죠. 이렇게 완벽한 존재가 태어난 거예요.

계절의 여신들에게 화관을 받는 판도라 ◆ 윌리엄 에티, 영국 버밍엄 박물관 및 미술관

제우스도 놀랍니다. "모든 신의 축복을 받았으니 네 이름은 '종합선물세트', 즉 판도라Pandora로 하자."

그리스어로 판Pan은 '모든', 도라Dora는 '선물'이라는 뜻이거든요. 제우스는 헤르메스를 통해 프로메테우스의 동생 에피메테우스한테 판도라를 선물합니다. 헤르메스는 제우스의 전령이자 심부름꾼인데, 요즘 표현으로 하자면 제우스가 바람나서 낳은 혼외 자식이기도 해요.

사실은 이 선물을 받기 얼마 전에 에피메테우스가 형 면회를 갔다가 형으로부터 경고를 들었어요. "곧 제우스가 선물을 줄 거야. 절대 받으면 안 돼. 받으면 끝이야!"

"형! 나 절대 안 받을게! 절대!" 그랬는데 진짜 선물이 온 거예요. 너무 무섭잖아요. 그래서 에피메테우스는 계속 사양합니다.

그러자 헤르메스가 제안하죠. "안 받아도 상관없는데, 한번 보기나 하고 결정해. 판도라, 어서 들어와."

판도라의 모습을 본 에피메테우스는 경고도 모두 잊고 이 완벽한 여인과 사랑에 빠져버립니다. 그래서 둘이 결혼해요. 결혼한 분들은 아시겠지만, 원래 결혼은 제정신이 아닐 때 하잖아요.

단꿈　에피메테우스 이름과 똑같네요. 하고 나서 나중에 생각하는 거!

설민석　맞아요! 자기 이름대로 하는 거예요!

단꿈　이래서 신화를 공부해야 돼요.

설민석　결혼한 판도라는 집에만 있어요. 얼마나 심심하겠어요. 그래서 두리번거리는데 뭐가 보이는 거예요. 판도라가 시집올 때 제우

판도라 앞의 프로메테우스와
에피메테우스 ◆
헤르만 율리우스 슐뢰서,
독일 구 국립미술관

스한테 혼수로 받은 항아리가 있어요. 제우스는 이 항아리를 절대 열어보지 말라고 했죠. "뭐가 들었는데요? 왜 열어보면 안 되나요?" 판도라가 물었지만, 제우스는 절대 열어보지 말라고만 했어요. 집 한편에 뒀던 그 항아리가 딱 눈에 들어온 겁니다.

차라리 아무 말도 안 했으면 모르겠는데, 열어보지 말라고 하니까 너무 궁금한 거예요. 그래서 조금만, 아주 조금만 열어보기로 하고 살짝 뚜껑을 들었어요. 그 순간 갑자기 펑! 질병, 분노, 전쟁, 질투, 파멸, 절망 등 세상의 모든 나쁜 바이러스가 다 튀어나온 겁니다. 놀란 판도라가 항아리 뚜껑을 쾅 닫았는데, 항아리가 움직여요. 아직 뭐가 있는 거 같아서 다시 살짝 열어봤더니……, 그 안에 뭐가 들어 있었을까요?

다시 열어본 항아리에는 놀랍게도 희망이 들어 있었어요. 제우스가 인간을 절멸시키려고 온갖 바이러스를 넣었는데, 도대체 왜 희망이 있었을까요?

⚓ 판도라의 상자? 판도라의 항아리?

설민석　항아리에 남아 있던 희망은 무슨 의미일까요? 제 생각에는 희망 고문을 하려던 게 아닌가 싶어요. 독일 문호 괴테가 "희망이라는 것은 불확실한 미래를 위해 지금을 희생하는 것이다. 희망은 오히려 악이다"라는 문장을 남겼거든요. 항아리에 담긴 것들 중 가장 무시무시한 것이 사실은 희망이라는 이름의 고통이었던 거죠.

단꿈 나쁜 것을 다 줬지만, 그래도 살아남을 수 있게 희망을 준 것 같아요. 힘들어도 살게 해주는 거죠.

한젬마 양심상 해독제나 열쇠 같은 해결책을 함께 넣어준 게 아닐까요? '희망을 잡고 살면 퍼져 있는 어려움 안에서도 살 수 있어.' 이런 의미로요.

김헌 많은 사람들이 '그래도 희망이라도 남아서 인간들에게 도움이 되겠구나'라고 생각하거든요. 하지만 항아리에는 '나쁜 것'만 들어 있다고 했으니까, 희망 역시 나쁜 거라고 볼 수도 있겠죠? 그래서 이렇게 해석하기도 해요. 희망 때문에 인간이 허황된 꿈을 꾸게 되니까 희망은 나쁜 거라고요. 또 절망이란 희망이 무너지는 순간 나오는 거니까 희망이 있기에 절망도, 그로 인한 고통도 존재한다는 거죠.

그런데 아이스킬로스의 글에 이런 내용이 나와요. "프로메테우스가 인간에게 두 가지 선물을 줬는데, 하나는 '불'이고 하나는 '맹목적 희망'이다."

코로스장   "인간들에게 대단히 유용한 것을 선물하셨군요."

프로메테우스 "거기에 더해 나는 그들에게 불도 주었소.

그들 안에서 맹목적인 희망이 자리 잡게 했소."

—아이스킬로스, 『결박된 프로메테우스』에서 요약

그러면 희망은 프로메테우스가 인간에게 준 선물인데, 그게 왜
나쁜 것들만 모아놓은 항아리에 들어 있었을까요?

여기서 근본적인 질문이 하나 있어요. 저 항아리는 누가 보낸
것인가? 이야기에서는 제우스가 판도라한테 보낸 걸로 돼 있어
요. 또 자연스럽게 항아리라고 말씀하셨는데, 흔히 사람들이
'판도라의 상자'라고 하잖아요. 사실 원문에는 '피토스Pithos'라고
돼 있어요. 피토스는 고대 그리스인들이 며칠간 먹을 물 또는
한 달 정도 먹을 곡물을 넣어놓던 커다란 토제 항아리예요. 발
굴된 걸 보면 높이가 1.6미터나 되고, 가득 채웠을 때 최대 무게
가 2톤까지 나가는 것도 있어요. 이걸 들고 오려면 초인적으로
힘이 센 헤라클레스 정도는 돼야 해요. 그러니까 가져올 수 있
는 물건이 아니란 거죠.

그럼 어떻게 된 거냐. 항아리는 원래부터 프로메테우스 집에 있
었다는 거예요. 저기에 온갖 나쁜 것이 들어 있던 이유는, 인간
들이 편하게 살 수 있도록 프로메테우스가 나쁜 것들을 사냥해
서 잡아넣었기 때문이고요. 그런데 이걸 제우스가 본 거죠. '인

간들을 어떻게 괴롭힐까? 어! 저 항아리만 열면 되겠다! 저걸 어떻게 열까?' 그래서 호기심 가득한 판도라를 보낸 겁니다.

설민석 제가 본 판본에서도 항아리인데 왜 상자라고 알려졌을까요?

김헌 그렇게 만든 주범은 15세기 네덜란드 인문학자 에라스무스예요. 피토스를 픽시스Pyxis, 즉 '상자'라고 잘못 번역했거든요. 그런데 상자는 쉽게 옮길 수가 있잖아요. 그러면서 제우스가 건네줬다는 이야기가 덧붙은 게 아닌가 싶어요. 또 곧이어 한젬마 선생님이 소개해주실 그림의 강렬한 이미지도 큰 역할을 했죠.

판도라
단테 가브리엘 로세티, 영국 레이디 레버 아트갤러리

한젬마 그림을 한번 볼까요? 그림 속 상자를 자세히 보면 글귀가 적혀 있는데 '희망이 남아 있다'는 의미예요. 상자에 들어 있던 세상의 나쁜 것들이 여인의 머리 위로 연기처럼 퍼져나가는 모습을 참 오묘하고 신비스럽게 잘 그려내지 않았나요?

항아리의 뚜껑을 들어 올리는 판도라
니콜라스 레니에,
이탈리아 카 레초니코미술관

허영심의 우의화(판도라)
니콜라스 레니에,
독일 슈투트가르트주립미술관

김헌 항아리로 그린 그림들도 있었는데, 로세티의 그림이 발표되고 나서는 모두 압도돼버렸죠. 또 이런 얘기도 있어요. 희망은 좋은 건데 왜 거기 있냐? 사실은 프로메테우스가 항아리에 인간들에게 좋은 것만 담아놓았다고 해요. 그런데 판도라가 뚜껑을 여는 순간, 그 좋은 것들이 모두 다 신들의 세계로 올라가버리고 마지막에 겨우 희망 하나만 잡아놓은 거죠.
이 이야기가 왜 희망만 남았는지를 가장 잘 설명해준다고 생각해요.

Ⅲ 신들의 분노와 대홍수

설민석 제우스가 혼수로 보낸 항아리를 판도라가 열자, 그 안에 든 온 갖 반목과 질투, 분노 같은 악이 인간세계에 퍼져나갔어요. 제 우스는 "아싸! 성공했다. 너희끼리 싸우다가 죽어라!" 하고 마 음을 놓겠죠?

그런데 세상일이란 뜻대로 안 되는 법이죠. 보고가 들어와요. 악의 바이러스에 감염된 인간들이 농사는 짓지 않고 이웃집을 약탈해서 농경의 여신 데메테르Demeter가 슬퍼하고 있다고요. 또 결혼은 하지 않고 옆집 여자를 탐하니까 순결의 여신 아르테 미스Artemis가 고통받고 있대요. 자기들끼리 싸우고 죽어야 하는 데, 괜한 곳에 불을 지르니까 숲의 님프들도 힘들어하고요.

생각지도 못한 일들이 벌어진 거예요. 신들의 세상에도 위험이 닥친 거죠. 제우스는 어떤 일이 일어나고 있는지 직접 보기 위 해 인간의 모습으로 변장하고 내려와요.

원전에 이런 표현이 나와요. "소문은 점잖은 편이었다. 내 눈을 뜨고 볼 수 없었고 입이 있어도 담을 수 없는 온갖 추악한 만행 들이 벌어지고 있었다."

제우스가 아르카디아란 동네에 이릅니다. 원래 낙원 같은 곳이 었는데 환락의 도시처럼 변해 있어요. 제우스는 봉변을 당할까 봐 인간의 모습 대신 신의 모습으로 가요. 제우스를 본 아르카

• **아르카디아(Arcadia)**
→ 그리스 로마 시대, 르네상스 시대 문학에서 유토피아 또는
　지상낙원으로 여겨진 곳.

디아 사람들이 경배하면서 소원을 들어달라고 합니다.

"우리 아버지가 재산이 많은데요. 왜 이렇게 오래 살아요? 유산
받고 싶은데!"

기가 막힐 노릇이죠. 그때 아르카디아의 왕 뤼카온이 나타나서
이 마을의 특산물, 별미를 대접하겠다고 해요. 그리고는 차마
상상도 못 할 것을 대접합니다.

> 뤼카온은 잘 드는 칼을 골라 백성 중 하나를 끌어내더니,
> 목을 자르고 그의 몸이 채 식기도 전에
> 팔과 다리는 잘라 삶고 일부는 구워 잔칫상을 마련했다.
>
> ─오비디우스, 『변신 이야기』에서 요약

> 제우스를 환대한답시고 주민들 가운데
> 한 사내아이를 죽여 내장을 꺼내고 제물과 섞더라.
>
> ─아폴로도로스, 『비블리오테케』에서 요약

인육을 반은 굽고 반은 삶아서 내놓은 거예요. 제우스는 분노로 속이 부글부글 끓습니다. 그런데 거기다 대고 뤼카온의 자식들이 특산물인데 왜 안 먹느냐고 재촉하자, 제우스는 번개를 내리쳐 그들을 죽입니다.

그걸 본 뤼카온이 날뛰며 본색을 드러내죠. 제우스는 격노해 그에게 저주를 내립니다. 순식간에 털북숭이로 만들어버리고, 그 지경이 돼서도 욕을 해대는 입은 쭉 잡아당겨버려요. 악에 받친 뤼카온이 입을 열자 "아오오~!"하고 늑대 울음소리만 새어 나옵니다. 보름달이 뜰 때마다 고통받으며 우는 늑대인간이 된 거예요.

잠시 이성을 잃었던 제우스는 곧 정신을 차리고, 열두 신을 소집해 인간세계를 어떻게 할지 의논합니다. 인간세계의 일은 함께 의논하기로 했거든요. 신들은 인간을 절멸시켜버리기로 합니다. 제우스가 번개로, 불로 다 쳐버리겠다고 해요. 그런데 지상이 불타면 열기가 신들의 세계에까지 올라오니까 불이 아니라 물을 쓰기로 합니다. "물로 저것들을 절멸시킵시다!"

이때 지상에서는 어떤 일이 있었는지 잠깐 살펴보죠. 프로메테우스에게 데우칼리온이라는 효심 지극한 아들이 있었어요. 거기에 며느리를 또 잘 봤어요. 퓌라라고 하는데, 시아버지를 살뜰히 챙겨요. 참고로 이 며느리는 프로메테우스의 동생인 에피메테우스와 판도라의 딸이에요.

프로메테우스가 아들과 며느리에게 얘기해요. "이제 그만 와도 된다. 날 보살피러 올 때가 아니야. 배를 만들어야 한다. 대홍수가 올 거야."

그들이 있는 곳은 높은 코카서스산맥인데다 홍수는 짐작도 어려운 화창한 날씨가 계속됐지만, 부부는 아버지의 말을 따라요. 사람들이 산 위에서 배를 만든다고 놀려도, 부부는 묵묵히 할 일을 합니다. 그리고 심판의 날이 왔어요.

남풍의 신 노토스가 비와 바람을 쏟아내고, 포세이돈이 육지에 쓰나미를 퍼붓고, 헤라는 무지개로 먹구름을 엮어 비를 내리게 하고, 무지개의 여신 이리스를 시켜 은하수에서 물을 퍼 오게 하고……. 인간 절멸을 위해 신들이 합심했고, 인간세계에는 말 그대로 물난리가 납니다.

☰ 새로운 인류의 조상

설민석 이렇게 비가 아흐레 동안 내려요. 세상의 모든 생명체가 절멸한 가운데 데우칼리온과 퓌라만이 배에 타고 있다가 파르나소스산에 이르죠. 제우스가 아래를 내려다보는데 생존한 인간이 있는 거예요. "어? 프로메테우스의 아들하고 그 며느리잖아. 음, 저 둘은 인정! 인간세계에서 저 둘만 한 인간은 못 봤어."

산 중턱에는 신전이 있었어요. 착한 데우칼리온과 퓌라 부부는 본능적으로 신께 제사를 드리려고 합니다. 바칠 제물이 없으니 정화수, 그러니까 깨끗한 물을 떠서 기도합니다.

단꿈   물밖에 없으니까요.

설민석   "자비로운 분들이시여, 환란을 당한 저희를 도우소서."
바로 그때 귓가에 신탁이 들려옵니다. "너희 어머니의 뼈를 등 뒤로 던져라!"
부부는 깜짝 놀라요. 어머니의 뼈라뇨. 뭘 말하는 걸까요? 이들

데우칼리온과 퓌라 • 조반니 마리아 보탈라, 브라질 국립미술관

의 어머니, 그 어머니의 어머니, 더 올라가서 태초의 어머니가 누구죠? 가이아! 어머니의 **뼈**란 가이아의 **뼈**를 말한 겁니다.

데우칼리온이 신전 밖으로 뛰쳐나가더니 돌을 집어 듭니다. "이 거다! 어머니의 **뼈**!" 그러고는 어깨 너머로 돌을 던져요. 데우칼 리온이 던진 돌은 남자가 되고, 퓌라가 던진 돌은 여자가 됩니 다. 이렇게 또 하나의 인류, 즉 돌로 만들어진 부부가 탄생한 거 예요.

오비디우스의 문장을 제 나름대로 설명하자면 이렇습니다. 우 리 인간은 이렇게 돌로 만들어져서 육체가 돌처럼 단단하고, 우 리의 판도라는 아직도 희망을 갖고 있으니, 그 어떤 고난과 역경 에도 굴하지 않으리. 이것이 오늘날 그리스 로마 신화가 우리에 게 주는 용기이자 메시지인 것입니다.

대홍수
레옹 프랑수아 코메르, 프랑스 낭트미술관

단꿈 인간을 절멸하기 위해 신들이 합심해 물난리를 일으켰다고 했는데, 이 이
야기를 표현한 그림도 있을까요?

한젬마 대홍수를 다룬 작품이 많아요. 코메르가 그린 이 그림은 똑바로 바라보기
어려울 정도로 참담한 상황이 생생하게 표현돼 있어요. 대홍수로 인한 비
극을 너무나 잘 담아냈죠.

동물과 사람이 마구 뒤엉켜 있는데, 동물의 털인지 사람의 몸인지 빗물인지 알 수 없을 정도예요. 그림 왼쪽에 있는 사자는 하늘을 향해 울음을 던지고 있어요. 울부짖는 사람도 있고, 넋이 나간 사람도 있고, 이미 숨이 끊어진 듯한 사람도 있어요.

가장 슬픈 건 아이를 안고 있는 엄마들의 모습이에요. 특히 오른쪽 아래에 있는 어머니는 아이만은 살리려고 하는 듯 팔로 아이를 받치고 있어요.

단꿈   자세히 보면 아이는 울고 있는데, 어머니는 이미 숨을 거둔 것 같아요.

한젬마   맞아요. 비참하고 끔찍한 그림이지만 한편으로는 대홍수를 통해 새로운 인류의 탄생을 암시한다고 볼 수 있습니다.

이 그림을 보면서 어떤 생각이 드세요? 저는 '그림 속 사람들처럼 나도 언젠가 제우스의 벌을 받게 되진 않을까?'라고 스스로에게 질문을 던지게 되더라고요.

단꿈   그림을 보고 있으니, 어떻게 살아야 하는가 하는 생각도 들어요.

한젬마   그림을 통해 그동안의 삶을 되돌아볼 기회를 얻는 셈이죠.

⚏ 무엇이 제우스를 분노하게 했나?

단꿈 김헌 교수님, 제우스가 화가 난 건 프로메테우스 때문인가요? 인간 때문인가요?

김헌 둘 다라고 할 수 있지 않을까요? 인간을 프로메테우스가 만들었다는 얘기도 있고, 제우스가 만들었다는 얘기도 있는데요. 프로메테우스가 인간을 만들었다는 이야기를 살펴보면, 프로메테우스는 제우스가 제거하고 싶고 제압하고 싶은 첫 번째 대상이었어요. 그런데 프로메테우스를 직접적으로 제거하긴 어려우니까 그가 만든 인간을 괴롭히기로 해요. 그래서 프로메테우스가 불을 훔치고 제물을 속이는 등 간접적으로 밉보일 행동을 하도록 유도한 다음에 그를 산맥에 묶고 인간들을 벌한 거죠.

제우스가 인간을 만들었다는 이야기를 보면, 인간들이 자꾸 불어나서 무거워진데다 사악하게 행동해서 대지의 여신 가이아가 힘든 거예요. 그래서 제우스에게 부탁했죠. "이 인간들을 좀 쓸어줘!" 제우스는 자신이 만든 인간이 할머니를 괴롭히니까 화도 나고, 할머니의 힘든 사정을 외면할 수도 없었죠. 그래서 처음에는 불로 태워버리려고 해요. 그런데 다 태워버리면 산이나 샘의 님프처럼 인간이 아닌 다른 존재들까지 고통받을 수도 있고, 또 열기가 하늘로 올라오면 신들도 괴로우니까 물을 쓰자는 쪽으로 의견이 모아지죠.

이 밖에도 나중에 트로이전쟁이나 테베전쟁 같은 큰 전쟁을 일으켜서 다 죽게 만든다는 기록이 있어요. 그러니까 제우스가 분노한 이유는 프로메테우스 때문이라는 이야기도 있고, 인간들의 잘못 때문이라는 이야기도 있다고 정리할 수 있을 것 같습니다.

설민석 교수님이 이렇게 다양한 버전을 알려주고 중심을 잡아주지 않으셨다면, 이 버전만 읽은 사람들은 "이거 아닌데?" 하고 저 버전만 읽은 사람들은 "저거 아닌데?" 하며 고개를 갸웃거릴 수도 있었을 거예요.

김헌 말이 나온 김에 꼭 하고 싶은 이야기가 있어요. 신화에 정통이나 정본이 있을 거라고 생각하는데 그렇지 않죠. 사실 신화는 다양한 이야기로 존재해요. 『그리스 로마 신화』라는 책도 없어요. 그저 구전 시대 사람들이 자신들이 아는 세상의 정보와 살아가는 지혜를 담아내는 도구로 이용했던 거죠.

그래서 신화는 읽는 것이 아닌 듣는 것부터 시작했다고 할 수 있어요. 신화를 가장 훌륭하게 구전하는 사람은, 그 상황에 맞게 이야기를 재구성할 줄 아는 사람이었어요. 가장 중요한 건 그 신화에 담긴 삶의 지혜와 그 의미를 파악하는 거지, 구절구절 살펴보며 맞느냐, 틀리느냐를 따지는 것은 애초에 의미가 없다고 생각해요.

물론 저 같은 학자들은 문헌들을 꼼꼼히 보면서 정확한 정보가 뭔지 연구하고 전달하려고 노력해야겠죠. 하지만 "우리가 신화를 어떤 방식으로 소비해야 하는가?"라는 질문을 했을 때는 듣는 사람들이 몰입할 수 있게, 그러면서도 그 속에 담긴 삶의 지혜가 뭔지 찾아가면서 전달하는 것이 가장 좋은 방법이라고 생각합니다.

✸   우리 인간은 이렇게 돌로 만들어져서 육체가 돌처럼 단단하고, 우리의 판도라는 아직도 희망을 갖고 있으니, 그 어떤 고난과 역경에도 굴하지 않으리. 이것이 오늘날 그리스 로마 신화가 우리에게 주는 용기이자 메시지인 것입니다.

부부의 세계

⚡

신들의 왕 제우스는 신들과 필멸의 인간들 중
가장 많은 것을 아는 메티스를 첫 번째 부인으로 두었다.

—헤시오도스, 『신들의 계보』

부부의 세계

⚏ 제우스의 여인들

설민석 제우스는 크레타섬에서 자랄 때까지만 해도 아주 늠름하고 건
실한 청년이었어요. 그런데 티타노마키아에서 승리해 왕이 되고
왕권을 강화시키고 나더니 여자한테로 눈을 돌리는 거예요.

제우스가 처음 결혼한 상대는 메티스Metis라는 지혜의 여신입니
다. 어릴 적부터 함께 뛰놀던 첫사랑과 결혼에 골인했다고 할 수
있어요. 둘 사이에 아이가 생기자, 메티스가 제우스에게 이런
이야기를 합니다.

"여보, 당신은 힘이 있잖아. 나는 당신한테 없는 지혜가 있고.
당신의 힘과 내 지혜를 모두 가진 아이가 태어날 것 같아. 정말
훌륭한 신이 되겠지?"

이 말을 듣고 좋아해야 하는데, 제우스는 표정이 좋지 않습니다. 식은땀까지 흘려요. 이유가 뭘까요? 영원히 왕을 해야 하는데, 자신보다 더 똑똑하고 힘 있는 자식이 태어나면 쫓겨날 것 같기 때문이에요.

'어떡하지? 우리 아버지처럼 나도 아이를 잡아먹어야 되나? 그럴 순 없고. 음, 어떡해야 하나……. 그래, 맞아! 아이가 태어나기 전에 먹으면 되겠네!' 생각하고 자기 부인을 삼켜버려요.

단꿈   임신한 부인을 삼킨 거예요?

설민석   네! 삼켰어요. 지혜의 여신 메티스와 그 배 속에 든 아이까지 통째로요. 그러고는 다른 여자들을 만납니다. 첫 번째, 두 번째……, 그러다 여섯 번째로 모성의 여신 레토Leto를 만나요.
한동안은 둘이 잘 사귀었어요. 제우스가 매일 레토를 찾아왔죠. 그러다 언젠가부터 뜸한 거예요. 레토는 제우스가 바쁜가 보다 했어요. 레토의 생각처럼 제우스는 정말 바빴어요. 과연 뭘 하느라 바빴을까요?

단꿈   여자 친구를 만나러 오지 않는 거잖아요. 그럼 뭐 새 여자가 생겼겠죠.

설민석　정답! 제우스가 다른 여자한테 빠진 겁니다. 그녀가 바로 헤라^{Hera} 예요. 가정의 여신! 원전을 보면 '소의 눈망울을 하고 있다'고 나와요. 그리고 팔이 하얗대요. 제우스는 꽃을 하나 꺾어 들고 구애합니다. "내 사랑을 받아주겠습니까?" 헤라는 제우스한테 여자가 많다는 걸 알아요. 그리스에 소문이 다 났거든요. 헤라가 거절하고 돌아서자, 제우스는 다른 방법을 생각합니다.

며칠 뒤, 헤라가 들판을 지나는데 먹구름이 끼더니 갑자기 비가 와요. 그래서 동굴 같은 데 잠시 몸을 피했는데, 뻐꾸기 한 마리가 울면서 다가오는 겁니다. 비에 쫄딱 젖어 덜덜 떨고 있고, 다리도 다친 것 같아요. 헤라는 뻐꾸기를 자기 품에 넣어줬어요. 그런데 이 뻐꾸기가 펑 하고 제우스의 모습으로 돌아와 와락 안는 겁니다. 변신한 제우스였던 거예요. 다른 여신들 같으면 놀라고 무서워했을 텐데, 헤라는 단호합니다.

"정말 나를 사랑한다면 결혼식을 올려요. 온 세상의 신, 님프, 인간, 동물 다 불러놓고 그들 앞에서 맹세해요. 진정 나만을 사랑한다고. 앞으로 다시는 다른 여자를 만나지 않겠다고. 나를 신들의 여왕으로 만들어준다고 서약하면 결혼할게요."

단꿈　헤라 너무 멋있다. 카리스마가 있네요.

설민석　그렇게 해서 제우스와 헤라는 모든 생명체를 다 불러 모은 가운데 성대한 결혼식을 열어요. 아들딸도 낳았죠. 헤라는 너무 행복했어요. 가정의 여신이 가정을 꾸리니 얼마나 행복했겠어요! 그런데 그 행복은 그리 오래가지 못했어요. 남편 제우스의 바람기 때문이었죠.

제우스는 헤라와 결혼하면서 앞으로 다시는 다른 여자를 만나지 않겠다고 약속했잖아요. 그러다 문득 이런 생각이 든 거예요. '아니, 잠깐만. 앞으로 새 여자 친구를 만나지 않기로 했으니까, 전에 만났던 여자는 가능하지 않겠어? 내가 옛날에 만났던 전 여자 친구 중에서 누구 없을까? 음…… 레토? 그래, 레토를 다시 만나면 되겠다!' 제우스는 레토한테 달려갑니다. 바로 여기에서 모든 비극이 시작됩니다. 참고로 이 이야기에는 여러 원전이 있는데요. 그 원전들에서 부족한 개연성을 제가 작가적 상상력으로 채워 넣었습니다. 이해해주시길 바랍니다.

시계를 돌려, 레토가 제우스를 애타게 기다리는 과거로 가볼게요. 아무리 기다려도 제우스는 오지 않고 우편물만 하나가 옵니다. 신랑 제우스와 신부 헤라의 결혼식 청첩장이에요. 그제야 제우스가 오지 않는 이유를 안 레토는 아픈 마음으로 자기 남자 친구의 결혼식장에 갑니다.

단꿈   아니, 거기를 왜 가요?

설민석 안 갈 수가 없어요. 그렇죠, 교수님?

김헌 켈로네라는 님프가 초청을 받고도 가지 않았어요. 제우스는 청첩장까지 보냈는데 오지 않은 것이 괘씸해 헤르메스를 켈로네에게 보냅니다. 헤르메스가 가서 보니까 그냥 집에 있는 거예요. 결혼식에 왜 오지 않았느냐고 물어보니 켈로네가 이렇게 대답하죠. "결혼식에 제가 꼭 가야 돼요? 저는 집이 좋은걸요. 집에서 편안하게 있는 게 좋아요." 그 말을 들은 헤르메스는 그렇게 집이 좋으면 평생 집을 가지고 살라며 켈로네를 거북이로 만들었대요. 켈로네가 고대 그리스 말로 거북이라는 뜻이에요.

설민석 이런 상황인데 어떻게 안 갑니까. 결혼식에 참석한 레토는 제우스가 헤라와 팔짱을 끼고 행복하게 걸어가는 모습을 바라보면서 하염없이 울었어요. 그렇게 울면서 세월을 보냅니다. 시간이 얼마나 갔는지도 모르겠어요.
어느 날, 레토의 귀에 익숙한 목소리가 들려옵니다. 제우스가 찾아온 거예요. "레토! 결혼하고 나서야 깨달았어. 내 진정한 사랑은 레토, 너였다는 걸!" 부인이 있는데 어떻게 만날 수 있느냐는 레토의 말에도 제우스는 당당합니다. 자신은 왕이니, 부인을 여럿 두고 번식하고 생육하는 게 미덕이라면서 레토를 안아요. 제우스는 날마다 찾아와서 레토와 꿈같은 시간을 보내요. 그러던 어느 날, 레토가 아이가 생겼다고 말해요. 제우스는 난처한 표정을 짓습니다. "뭐? 아이를 가졌어? 그럼 우리 당분간 사랑 못 하겠네……. 레토, 혹시 동생 있니?" "응, 있어. 아스테리아^{Asteria}, 별의 여신." 제우스는 그 길로 레토의 동생을 찾아갑니다. "아스테리아, 나 기억하지? 내 사랑을 받아줘!"

단꿈   웬일이야. 버릇 나왔네요. 저 버릇은 못 고쳐요.

설민석   제우스의 느닷없는 구애에 기겁한 아스테리아는 메추라기로 몸을 바꿔 도망갑니다. 그러자 제우스는 독수리로 변신해서 더 빨리 쫓아오는 거예요. 메추라기가 어떻게 독수리를 피하겠어요. 도망가던 아스테리아는 바다로 수직 낙하해 바위섬이 돼버립니다. 이 섬이 오늘날 그리스와 튀르키예 사이에 있는 델로스^{Delos}라는 섬이에요.

이런 것도 모르고 헤라는 행복한 나날을 보냅니다. 그런데 여신들이 수군대는 거예요. "그 얘기 들었어? 제우스가 옛날 애인 레토랑 바람났대." "레토가 쌍둥이를 임신했는데, 소문에 의하면 이 아이들이 헤라의 자식들보다 훨씬 더 위대한 신이 될 거래." 이 소리가 헤라의 귀에도 들어옵니다. "에일레이티이아!" 분노에 몸을 떨며 헤라는 자신의 딸인 출산의 여신 에일레이티이아를 불러서, 임신한 여신들 중에 레토가 있는지 당장 알아보라

피톤을 죽이는 아폴론 • 헨드릭 홀치우스, 미국 메트로폴리탄미술관

고 하죠.

결국 레토가 쌍둥이를 임신했고, 아이들의 아빠가 제우스라는 걸 확인한 헤라는 직접 지상으로 내려옵니다. 그리고 숲의 님프들에게 단단히 일러둡니다. 출산하러 오는 레토에게 절대 자리를 내주지 말라고. 방방곡곡을 다니면서 숲의 님프뿐 아니라 인간들에게도 절대 자리를 내주지 말라고 경고하죠. 뱀도 한 마리 풀어요. 산자락 하나를 다 덮을 만큼 거대한 피톤이라는 뱀에게 레토를 잡아먹으라고 합니다.

한편 레토는 점점 배가 불러와 아기 낳을 곳을 찾지만, 어디를 가든 거절당하죠. 갈 데가 없는 레토가 해안가를 거닐고 있을 때였어요. 누군가가 귓가에 속삭입니다. "저는 북풍의 신, 보레아스예요. 제우스가 저한테 당신을 구해주라고 부탁했어요." 보레아스는 델로스섬에서 오는 길이라고 해요. 바위섬으로 변한 레토의 동생 아스테리아가 출산할 수 있는 자리를 마련해놨다고, 언니를 빨리 데려오라고 했다는 거예요. 레토는 물어요. "배도 없는데 어떻게 가나요?"

위기에 빠진 레토는 과연 헤라의 눈을 피해 무사히 아이를 출산할 수 있을까요? 잠시 후에 이야기할게요.

Ⅲ 아내의 조건

단꿈 김헌 교수님, 그러면 레토도 제우스랑 결혼을 한 건가요?

김헌 좀 애매하긴 한데, 아내라고 볼 수도 있습니다. 헤시오도스가 쓴 『신들의 계보』라는 책이 있어요. 신의 계통을 말하는 책이라 『신통기』라고도 하는데요. 이 책에 제우스가 아내를 맞이하는 이야기가 하나하나 다 나와요. 메티스가 첫 번째 아내, 헤라는 일곱 번째 아내인 걸로 표현돼 있죠.

> 신들의 왕 제우스는 신들과 필멸의 인간들 중
> 가장 많은 것을 아는 메티스를 첫 번째 부인으로 두었다.
>
> —헤시오도스, 『신들의 계보』

첫째 아내라는 말이 그리스 말로 프로텐 알로콘Prōtēn Alokhon이거든요. 알로코스Alokhos가 침대를 함께 쓰는 사람이란 뜻으로, 아내나 남편을 이렇게 표현했어요. 그리스 사람들은 아내든 남편이든 한 침대를 쓰는 사람을 부부라고 생각한 거죠.

그런데 일곱 번째 부인으로 언급되는 헤라에게만 아코이티스Akoitis라는 표현을 썼어요. 코이테Koit는 침대, 아코이티스는 침대를 같이 쓰는 사람이란 뜻입니다. 주목할 것은 침대를 뜻하는 단어가 두 종류란 거예요. 레코스Lekhos는 일상적인 침대, 코이티스Koitis는 특별히 신방에 있는 침대를 가리킬 때 썼대요.

- **레코스(Lekhos)** = 일상적인 침대
- **코이티스(Koitis)** = 신방에 있는 침대
  → **아코이티스(Akoitis)** = 침대를 같이 쓰는 사람

그러니까 다 똑같이 '아내'라고 했지만, 헤라에게만 특별히 '꽃처럼 아름다운 신방의 침대를 같이 쓰는 자'라고 했어요. 정식으로 결혼식을 올린 유일한 여신임을 강조한 겁니다. 비유가 잘 맞을지 모르겠는데, 앞의 여섯 여신들과는 혼인신고를 하지 않았고, 오직 헤라하고만 공식적으로 혼인한 관계임을 선포한 거죠. 제우스가 '헤라가 내 진짜 아내고, 공식적인 부인이다'라고 선언

했다고 볼 수 있어요. 헤라가 그걸 요구했던 거죠.

단꿈 그렇죠! 가정의 여신이니까.

김헌 가정의 여신인데, 그보다 더 강한 이름도 있어요. 결혼의 여신! 그래서 남자에게 배신당한 그리스 여성들이 헤라 여신에게 기도를 제일 많이 해요. "저 작자가 결혼의 서약을 깼습니다!" 하소연하죠.

제우스와 레토가 결혼을 했느냐는 질문에 답하자면, 비공식적이라고 얘기할 수 있어요. 헤라 외의 여신들과는 비공식적인 관계며, 경우에 따라서는 바람피운 것으로 얘기할 수도 있어요.

첫 번째 이야기에서 제우스가 권력을 잡죠. 두 번째 이야기에서는 권력을 유지하는 데 방해가 되는 최대 적수를 물리쳤고요. 이제 권력을 확립하고 확장해나가야 할 때가 왔어요. 그러려면 실력이 뛰어나고 믿을 만한 협력자를 얻어야 하는데, 결혼하고 자식을 낳는 것으로 이 문제를 해결하려 하죠. 자신의 권력을 확장하고 확립해나가는 데 자식들이 조력자가 되리라 생각한 거예요.

권력을 확장할 때 필요한 요소가 뭔지는 신들의 이름을 보면 알 수 있어요. 제일 먼저 메티스와 결혼했다는 건 이 세상을 다스리는 데 가장 중요한 요소가 '지혜'라고 여겼단 의미죠. 제우스는 '예뻐서'가 아니라 '그녀와 함께라면 세상을 잘 다스려서 모두 행복하게 만들 수 있겠다'고 생각해서 메티스를 선택한 거예요. 어떤 일을 도모할 때 자신을 도와줄 수 있는 사람으로 누구를 택할까요? '권력자를 옆에 두면 큰일을 이룰 수 있겠다' 또는 '부자가 큰 도움이 될 거야', 이렇게 생각하죠. 그런데 제우스는 권력자나 부자가 아니라 지혜의 여신 메티스를 찾아간 겁니다. 이 이야기를 해석해보면 '어떤 큰일을 할 때 지혜를 먼저 구하라'라는 삶의 지침을 그리스 사람들은 신화 속에 담아 넣은 거예요. 이것이 메티스가 제우스의 첫 번째 아내가 된 이야기에 담긴 메시지예요.

두 번째 아내는 테미스로, 공정과 정의와 법도의 여신이에요. 그러니까 지혜 다음으로 세상을 잘 다스리는 데 필요한 요소가 '법과 정의'라고 본 거죠.

제우스가 선택한 또 한 명, 레토는 코이오스와 포이베의 딸이거든요. 코이오스와 포이베는 천상의 빛나는 신이에요. 별, 달, 해를 관장하는, 세상을 비춰주는 신의 딸을 택했다고 볼 수 있습니다.

그림과 신화

제우스와 헤라
안니발레 카라치, 이탈리아 보르게세미술관

한쩸마   그리스 로마 신화의 대표 커플 제우스와 헤라를 다룬 작품이 많은데요. **마치 이름표처럼 작품 속 인물이 제우스와 헤라라는 걸 가르쳐주는 키워드가 있어요. 제우스를 상징하는 대표적인 것이 독수리와 번개예요.** 이 그림을 보면 제우스 다리 밑에 독수리가 있죠. 그리고 뒤쪽 창가를 보면 에로스가 한 손에는 번개를 쥐고 다른 한 손으로는 제우스 쪽을 가리키고 있어요. 헤라를 상징하는 건 공작이에요. 왼쪽 아래를 보면 공작이 있죠? 이 인물이 헤라라는 걸 말해주고 있어요. 그런데 조금 낯선 게 있어요. 한번 찾아보시겠어요?

단꿈   헤라 가슴 밑에 저게 뭐예요?

한젬마   네, 가슴 밑에 띠를 매고 있죠? 제우스를 사랑에 빠지게 하려고, 헤라가 아름다움의 여신 아프로디테에게 빌린 마법의 띠예요. 케스토스 히마스 Kestos Himas라는 이 띠에는 그 누구라도 사랑에 빠지게 하는 힘이 있다고 해요. 환각제 같은 역할을 하는 거죠.

아프로디테에게
허리띠를 빌리는 헤라
가이 헤드, 영국 노팅엄시티미술관

헤라에게 허리띠를 매주는 아프로디테
안드레아 아피아니, 개인 소장

ⅢＭ 아버지의 머리를 가르고 태어난 아테나

단꿈 그런데 제우스가 삼켜버렸던 메티스는 어떻게 됐나요?

설민석 이야기가 좀 기괴해요. 제우스가 임신한 지혜의 여신 메티스를 삼켰잖아요. 그리고 나니까 머리 한쪽이 너무 아파요. '왜 이렇게 아프지? 지혜가 너무 들어갔나?' 알고 보니 태아가 머리에서 자라고 있었던 거예요. 꺼내야 되잖아요. 이걸 뇌 수술이라고 해야 할지, 제왕절개수술이라고 해야 할지 모르겠네요. 제우스의 아들 중 하나인 대장간의 신 헤파이스토스가 도끼로 제우스의 머리를 갈라요. 거기서 아버지의 힘과 어머니의 지혜를 가진 여신이 태어납니다. 바로 아테나^{Athena}, 전쟁의 여신이었죠.

제우스의 머릿속에서 무장한 채 태어난 아테나 ◆
르네 앙투안 우아스, 베르사유 트리아농 궁전

김헌   메티스에 관한 신탁이 있었어요. 메티스는 먼저 딸을 낳고 그다음에 아들을 낳을 텐데, 이 아들이 아버지를 능가할 거라고요. 이런 신탁을 들었더라도, 저 같으면 첫째는 일단 낳을 것 같아요. 둘째만 조심하면 되잖아요. 그런데 제우스는 겁이 나서, 임신한 메티스를 그냥 집어삼킨 거예요. 지혜를 완전히 자기 것으로 만든다, 그렇게 얘기할 수도 있겠죠.

단꿈   아테나를 지혜의 여신이라고 하는데, 제우스의 머리에서 나왔기 때문일까요?

김헌   메티스 때문이라고 볼 수 있어요. 앞이라는 뜻의 '프로'와 생각한다는 뜻의 '메테우스'를 합해서 '미리 생각하는 자'라는 뜻으로 프로메테우스의 이름을 지었다고 했잖아요. 이 메테우스에서 파생된 단어가 메티스예요. 메티스라는 이름 자체가 생각하는 자, 사려 깊은 자, 현명한 자라는 뜻이죠.
그런 메티스와 제우스 사이에 태어난 아이가 아테나잖아요. 아테나에서 '테'는 신을 뜻하거든요. 그래서 플라톤은 아테나를 '신적인 요소를 잘 꿰뚫어보고 아는 자'라고 해석했어요.

설민석 레토가 출산도 못 하고 바닷가에 서 있을 때 북풍의 신이 와서 "네 동생이 변해서 된 바위섬, 델로스로 가서 아이를 낳아야 한다"라고 말했잖아요. 북풍의 신이 레토를 델로스섬으로 인도합니다.

레토가 섬에 도착하자 바로 양수가 터졌어요. 이제 아이가 나올 차례예요. 레토가 감람나무를 붙잡고 힘을 줘야 하는데 산파가 없어요! 이때 여신들이 날아왔어요. 레토의 아이가 위대한 신이 될 것이란 소문을 듣고 산파 역할을 해주러 온 거예요.

그런데도 애가 안 나와요. 그렇게 산통이 아흐레를 갑니다. 사실 9일 동안 아이가 안 나오는 건 불가능하거든요. 이게 다 헤

아르테미스와 아폴론의 탄생 ◆ 줄리오 로마노, 영국 로열컬렉션 트러스트

98

라 때문이었던 거예요. 출산의 여신 에일레이티이아가 도와줘야 하는데, 헤라가 옆에 딱 붙들어놓고 못 가게 한 거죠.

> 헤라는 질투심 때문에 에일레이티이아(출산의 여신)를
> 붙들어두었다.
>
> —작자 미상, 『호메로스 찬가』 중 「아폴론 찬가」

9일씩이나 진통이 이어지니까 안절부절하던 여신들이 헤라와 친한 무지개 여신 이리스한테 부탁합니다. "니가 가서 이야기 좀 해. 이건 너무하잖아." 이리스는 헤라가 두려워 난감해해요. 결국 여신들이 모여서 회의를 열었어요. 그리고 금 모으기 운동에 들어갑니다. 금을 모아서 목걸이를 만드는데 길이가 약 4.5미터예요. 이걸 출산의 여신한테 뇌물로 바치라고 하죠.

> 또한 여신들은 흰 팔을 지닌 헤라에게서 떨어져
> 에일레이티이아를 부르라고 당부했다.
>
> —작자 미상, 『호메로스 찬가』 중 「아폴론 찬가」

무지개 여신이 금목걸이를 들고 날아갑니다. 그리고 헤라에게 붙잡혀 있던 출산의 여신이 "엄마, 나 잠깐만!"하고 나온 사이에 금목걸이를 걸어줘요. 출산의 여신은 "맞아. 이건 직무유기야.

난 내 할 일을 할 거야" 하면서 수줍은 산비둘기처럼 총총 내려왔대요.

에일레이티이아가 델로스섬에 발을 딛는 순간 "응애!" 하고 딸이 태어나요. 달의 여신 아르테미스요. 신이라 태어나자마자 장성해서 이렇게 말해요. "엄마, 빨리 그다음도 낳아야지." 그렇게 아르테미스의 도움으로 둘째가 태어

아폴론, 아르테미스와 함께 있는 레토 ◆ 안톤 라파엘 멩스, 독일 밤베르크역사박물관

납니다. 이 아이는 태양의 신 아폴론입니다. 그래서 해와 달 오누이예요.

> 레토는 델로스로 와서 먼저 아르테미스를 낳았고,
>
> 아르테미스가 분만을 도와 그다음으로 아폴론을 낳았다.
>
> ―아폴로도로스, 『비블리오테케』

레토는 헤라가 공격할 것을 염려해 출산하자마자 두 아이를 데리고 다시 뭍으로 갑니다. 피톤을 피해 맨날 도망 다녀요. 그러니까 아르테미스는 어떻게 생각할까요? "우리 엄마, 남자 잘못

만나서 너무 고생한다. 산통도 심하게 겪고. 남자는 만날 게 아닌 것 같아. 나는 남자 안 만날 거야." 그래서 순결의 여신! 그리고 어렸을 때부터 엄마를 봉양하느라 짐승 잡아서 밥상 차려주다 보니 사냥의 여신! 달의 여신의 운명으로 태어났는데, 이렇게 해서 순결의 여신과 사냥의 여신이란 타이틀을 달게 됐다는 이야기입니다. 사실 이런 인과관계는 원전에 없는 제 해석인데, 김헌 교수님께 여쭤봤더니 "참 좋은 생각이다. 아주 설득력 있다"라고 하셔서 드리는 말씀입니다. 아, 물론 실제 타이틀도 달의 여신, 순결의 여신, 사냥의 여신이고요.

가족이 계속 도망 다니니까 참다 못한 아폴론이 나서요. "피톤은 내가 가서 죽여버릴게. 지금 델포이 신전에 똬리를 틀고 사람을 잡아먹고 있대. 나, 제우스의 아들이야. 내가 해볼게." 그러

아르테미스 ◆ 시몽 부에, 영국 로열컬렉션 트러스트

곤 활을 차고 나갑니다.

갔더니 산처럼 거대한 피톤이 보여요. 아폴론은 그동안 쌓인 분노와 서러움을 담아 활시위를 당깁니다. "우리 어머니의 원수!" 그런데 화살이 아가리에 꽂혀도 괴물은 죽지 않고 몸부림만 쳐요. 아폴론은 이리저리 피하는 피톤을 향해 수천 발을 쏩니다.

> 아폴론은 화살통을 거의 비울 만큼
> 수많은 화살들로 무거워진 피톤을 죽였다.
> 피톤의 검은 상처에서 독이 흘러나왔다.
>
> —오비디우스, 『변신 이야기』

피톤은 수없이 화살을 맞고 끝내 숨이 끊어집니다. 그 위에서 아폴론이 승리의 화살을 들고 소리칩니다. "내가 아폴론이다!" 이때부터 델포이 신전이 아폴론의 것이 됐어요.

제우스도 이 과정을 다 봤잖아요. 자식들이 잘 커서 위대한 신이 됐구나 느껴요. 이제 저 아이들을 올림포스에, 우리 동네에 초대할 명분이 생긴 거예요. 이렇게 해서 아폴론과 아르테미스와 한 많은 레토가 신들의 나라로 이사 갈 수 있게 됐습니다.

아폴론과 피톤 • 조지프 말러드 윌리엄 터너, 영국 테이트갤러리

🏛 아폴론과 다프네

설민석   그리스 로마 신화는 정말 엄청난 교훈을 주는데요. 저는 이 다음 대목이 정말 와닿았어요. 그게 뭐냐 하면, 아폴론이 잘됐잖아요.

단꿈   아, 잘될 때 항상 조심해야 돼요. 그때가 제일 위험해요.

설민석 맞아요. 성공으로 가는 길도 중요하지만, 성공한 다음의 행보가 더 중요한 것 같아요. 어느 날 아폴론이 지상에 내려가요. 일부러 활도 막 메고 다니면서 "제가 피톤을 잡은 아폴론이에요!" 하며 유명세를 즐겨요. 그런데 날개를 단 조그만 아기가 활을 들고 다니는 거예요. 사랑의 신 에로스Eros였어요. 영어로는 큐피드죠.

"애기야, 위험해. 왜 장난감 화살을 들고 다니고 그러니. 이것 봐. 화살은 이 정도 돼야지. 내가 피톤을 잡은 아폴론이야, 사인해줘?" 에로스는 어이가 없잖아요. "당신은 거기 있는 화살로 인간이나 짐승이나 괴물을 꿰뚫을 수 있을지 몰라도 내 화살은 사람이나 신의 마음을 꿰뚫는답니다." 아폴론은 비웃어요. "야,

아폴론과 피톤 • 코르넬리스 데 보스, 스페인 프라도미술관

그따위 마음 꿰뚫어서 뭐 해. 건방진 꼬마, 꺼지세요."

기분이 상한 에로스는 호시탐탐 아폴론에게 화살을 겨누며 앙갚음할 기회를 노립니다.

아폴론이 어느 지역을 지나가는데, 너무나 예쁜 처녀가 있어요. 강의 신의 딸인 다프네Daphne예요. 아르테미스한테 순결 맹세까지 한 숲의 님프죠. 아폴론이 예쁜 여자를 본다고 다 사랑에 빠지진 않아요. 그런데 에로스가 황금 화살을 아폴론의 심장에 쏴버리는 바람에 아폴론은 한순간에 다프네를 사랑하게 됩니다. 다프네도 에로스의 화살을 맞았는데, 사랑에 빠지게 하는 황금 화살이 아니라 상대를 혐오하게 만드는 납 화살이었어요.

"사랑해요. 내 사랑을 받아주세요." 아폴론이 고백해도 다프네

아폴론과 다프네 ◆
조반니 빌리베르티,
독일 슈투트가르트미술관

는 펄쩍 뛰며 도망가요. "왜 이래, 이 남자. 미쳤나 봐. 가줄래요?" 이렇게 된 거죠.

아폴론이 스토커처럼 쫓아다니니까 다프네가 아빠한테 일러요. 하지만 아빠인 강의 신은 조선 시대로 따지면 지방 향리일 뿐이고, 아폴론은 제우스의 아들이에요. 왕세자를 지방 향리가 뭘 어떻게 하겠어요. 해줄 수 있는 게 없는 아빠에게 다프네는 간청합니다. "아빠, 너무 괴로워요. 차라리 마법을 걸어서 다른 생명체로 바꿔주세요. 제발." 이러는데 또 아폴론이 오네요. "사랑해, 내 사랑을 받아줘." 다프네가 "저리 가!"라고 소리치며 도망가는데, 갑자기 팔이 가지로 변하고 몸에 껍질이 돋아나면서 두 발이 뿌리가 돼 땅에 박히고 머리카락이 잎으로 무성해집니다. 나무가 된 거예요!

부드러운 가슴은 얇은 껍질로 뒤덮였고,
머리카락은 나뭇잎으로, 팔뚝은 나뭇가지로 자랐다.
……그녀에겐 오직 광채만이 남았다.
아폴론은 그 모습 역시 사랑했다.

—오비디우스, 『변신 이야기』

그 모습을 보고서야 아폴론은 정신을 차리고 나무 앞에 무릎을 꿇습니다. "내가 교만했어. 겸손하지 못해 에로스한테 죄를

지고, 당신한테 이 고통을 줬어. 내가 당신을 영원히 추모하고, 당신의 영광을 기리도록 당신의 머리카락으로 관을 만들어 내 머리에 쓰고, 내 화살통과 내가 연주하는 리라에 당신의 머릿결을 장식할게." 그러면서 이 나무에서 잎을 따서 쓰고 다니는데요, 그것이 바로 월계수입니다. 그래서 그리스 말로 월계수가 다프네예요.

아폴론과 다프네 ◆ 테오도르 반 튈덴, 스페인 프라도미술관

다프네를 쫓는 아폴론
조반니 바티스타 티에폴로, 미국 워싱턴국립미술관

한젬마 다프네는 예술가들이 굉장히 좋아하는 소재였습니다. 이 작품은 사랑에

빠진 아폴론이 나무로 변하는 다프네를 향해 가고 있는 장면을 그렸어요.

화가는 아폴론을 어떻게 아폴론답게 표현할 것인가 고민했어요. 그래서

빛의 색에 가까운 망토를 두르게 하고, 머리 뒤에 태양처럼 빛을 비춰줬어

요. 머리에 월계수로 만든 관도 보이죠.

다프네를 볼까요. 다프네를 한 노인이 받쳐주고 있죠. 아빠예요. 어깨로

딸의 몸을 받쳐주면서 "내가 해줄 수 있는 것은 변신밖에 없구나" 하고 나무로 만들어주죠.

설민석 저건 뭐예요? 흘러내리는 검은 거?

한젬마 아빠가 강의 신이잖아요. 강의 신인 걸 알리려고 저 큰 도기에서 물이 흐르게 한 거예요. 앞에는 나무로 만든 노를 놔뒀고요. 강물도 쏟아지고 노도 나동그라지고, 다프네의 손끝과 다리는 나무가 돼가죠. 발끝은 이미 땅속에 묻혀서 뿌리로 굳어가고 있어요. 미술관에 가면 한 여인의 손끝에서 나무가 자라고 있는 그림을 많이 만나게 되는데요. 바로 다프네예요. 어떻게 보면 인간의 모습과 자연이 결합된, 굉장히 창의적인 소재이기도 한 거죠.

단꿈 그런데 지금은 막 나무가 되는 과정인데 아폴론은 벌써 월계관을 쓰고 있네요? 상징적으로 쓴거죠?

설민석 그림에 타임라인을 둘 수가 없으니 한번에 넣었군요.

김헌 월계관에 대해 한 가지 덧붙일게요. 올림픽에서 월계관을 쓰곤 하잖아요. 근대 올림픽은 그리스의 올림피아 경기에서 시작된 거고요. 그런데 그리스에는 올림피아 경기 말고도 피티아 경기라는 게 있었어요.

◆ **피티아**(Pythia)
델포이 근처에서 4년마다 열린 경기.
아폴론이 피톤에 승리한 사건을 재현하기 위해 시작된 것으로 알려져 있다.

피티아 경기는 아폴론이 피톤을 죽인 것을 기념하는 것으로, 아폴론이 창설했다고 해요. 올림피아 경기가 끝나고 2년째 되는 해에 피티아 경기를 열었어요. 지금의 아시안게임과 올림픽처럼요.

피티아 경기에서 우승한 사람에게는 떡갈나무 관을 줬대요. 그런데 다프네와의 일이 있은 뒤부터 월계관으로 바꿨다는 이야기가 있습니다.

올림피아 경기도 우승자에게 올리브나무로 만든 올리브 관을 줬는데, 근대 올림픽이 열리면서부터는 사람들이 월계관이 올리브 관보다 훨씬 멋있다고 여겨, 월계관을 주는 전통이 새로 생긴 겁니다.

♔ 가정의 여신은 어떻게 질투의 화신이 됐나

설민석 저는 이 이야기를 통해서 잘되는 것도 중요하지만 초심을 잃지 않아야 한다는 것을 새삼 느낍니다. 그 초심은 겸손이고 감사라고 생각하고요.

어쨌든 레토와 아르테미스와 아폴론은 하늘 나라, 올림포스로 이사를 갔어요. 이제 레토와 헤라가 어떻게든 만날 수밖에 없어요. 같은 단지에, 같은 아파트에 사니까요.

드디어 둘이 만났어요. 둘 사이에 대화가 오고 가요. 제가 읽은 원전의 표현은 들려드릴 수 없을 수준입니다. 너무 폭력적이라 제 입에 담을 수도 없어요. 그대로 옮길 수가 없어서 제가 99퍼센트 순화하고 각색해서 말씀드릴게요.

헤라가 레토에게 인사합니다. "아드님은 태양의 신 아폴론이고, 따님은 달의 여신 아르테미스고. 자식들이 둘 다 잘됐네요. 축하해요."

레토는 이렇게 답해요. "과찬의 말씀이세요. 저희 아들딸이 잘 된 게 아니고, 당신이 낳은 아들하고 딸이 잘 안 된 거죠."

혹시 헤베라고 들어보셨어요? 잘 모르겠죠? 에일레이티이아도 친숙하지는 않죠? 둘 다 헤라가 낳은 자식이에요. 진짜 잘 안 풀린 거예요. 잘 풀렸으면 아폴론, 아르테미스만큼 우리에게 알려졌겠죠. 가뜩이나 아이들이 잘 안 풀린 게 가슴의 상처인데 레토가 그걸 그냥 찔러버린 거예요.

단꿈 팩폭이네! 제대로 찔러버렸어요.

설민석 헤라의 눈빛이 변합니다. "막 나가자는 거야, 지금? 네 자식들 잘됐다니까 진짜 잘된 줄 아네. 무슨 달의 여신? 웃기고 앉아 있 네. 순결의 여신? 이런 애들이 뒤에서 남자 더 만나. 무슨 사냥 꾼 같은 옷 입고 뛰어다니면서 짐승이나 잡아먹고. 그리고 뭐? 예언의 신? 아폴론이? 앞을 내다본다면서 다프네가 나무 될 건 왜 몰랐대? 어디, 자기 앞길도 모르는 놈이 남의 앞을 봐줘! 돌 팔이 사기꾼 아니야!"

단꿈 서로 정곡을 찌르네요.

설민석 레토는 가만히 있나요? "지금 신들의 여왕으로서 화내시는 거 예요? 아니면 제우스의 본처로서 화내시는 거예요? 제가 볼 땐 본처가 아니고 여왕으로서 화내시는 것 같아요. 왜냐하면 제우 스의 진짜 본처는 지금도 어디선가 당신 남편이 옆에 끼고 시시 덕거릴 그 여자잖아. 당신 쇼윈도 부부잖아!"
마음 고왔던 가정의 여신 헤라가 질투의 화신으로 변하는 순간 이에요. 헤라는 다짐합니다.

'내 이것의 싹을 잘랐어야 했어. 초장에 밟았어야 했어. 내가 이런 수모를 겪다니. 만약에 내 남편이 앞으로 한 번만 더 바람을 피우면 여신이든 님프든 인간이든 다 죽여버릴 거야!'

가정의 여신에서 질투의 화신이 된 헤라. 그리스 로마판 사랑과 전쟁! 여기까지였습니다.

⚏ 제우스의 바람을 어떻게 해석할까

김헌   제우스가 참 못된 놈 같잖아요? 그래서 이런 의문이 들기도 하죠. '왜 그리스인들은 제우스를 최고의 신으로 섬겼을까?' 그 당시 그리스인들에게 제우스는 이야기를 넘어 종교였거든요. 제우스 신전을 세우고, 숭배하는 의식과 종교적인 행사를 거행해요. 왜 그랬을까요? 저런 바람둥이를 왜?

우리는 이 이야기에 숨은 뜻이 무엇이고, 제우스의 위대한 점이 뭔지 찾아낼 필요가 있어요. 제우스의 이야기를 단순히 막장 드라마로 이해하면 안 돼요. 레토가 임신해 더 이상 사랑을 나누지 못하니까 처제 아스테리아에게로 눈길을 돌려서 바람을 피우려 했다는 대목요. 그렇게 써놓은 원전도 있긴 있어요.

하지만 제우스가 바람피울 대상을 찾는 것을 이렇게 한번 생각해볼까요? '이 세상을 지배하기 위해 좋은 협력자를 얻으려고 자식을 갖는 것이다.' 제우스는 이 세상을 환하게 비춰줄 신이 필요했어요. 밤에도 환하게요. 그래서 처음 지목한 게 레토가 아니라 별의 여신 아스테리아였다고 생각할 수 있어요. 아스테리아에게 접근했는데 제우스를 거부한 거예요. 헤라만 튕긴 게 아니거든요. 제우스가 접근했던 여성 대부분 제우스를 거부했어요. 왜 그랬을까요? 제우스는 너무 무섭고, 다른 여신들도 사랑하니까 조심한 거죠.

설민석   그럼 레토를 만나기 전에 아스테리아를 먼저 만난 건가요?

김헌   네, 그렇게 봐야 할 것 같아요. 원전이 여러 가지예요.
그리고 몇몇 여신이나 여성은 제우스가 사랑하면 포세이돈이 같이 사랑했어요. 두 형제가 연적 관계가 된 몇 가지 사례가 있는데, 그중 하나가 아스테리아입니다. 제우스가 접근하니까 아스테리아가 도망가면서 메추라기로 변했어요. 메추라기를 그리스 말로는 오르틱스Ortyx라고 하거든요? 오르틱스로 변했는데도 제우스가 계속 쫓아오니까 결국 바다로 떨어지는데, 그 밑에는 포세이돈이 있잖아요. 그래서 포세이돈을 피해 섬으로 변한 거예요.
메추라기가 변한 섬이라고 해서 그 섬을 처음에는 오르튀기아Ortygia라고 불렀어요. 이 섬의 특징이 뭐냐면, 제우스도 피해 다녔지만 포세이돈에게서도 도망 다니려고 둥둥 떠다녔다는 거예요. 앞서 헤라가 경고했었잖아요? 뭐라고 경고를 했냐면 '태양 빛이 빛나는 하늘 아래 그 어떤 땅도 레토의 자식을 받아주면 내가 가만두지 않겠다.'라고 하죠. 헤라의 저주를 피할 곳을 찾는 레토에게 땅에 뿌리박지 않고 둥둥 떠다니는 그 섬이 딱 맞는 거예요. 또 하나, 태양 빛이 비치는 곳은 안 된다고 했잖아요. 제우스가 어떻게 좀 해보라고 부탁하니까 포세이돈이 바닷물을 일으켜서 햇빛이 못 비치게 지붕을 만들어줬어요. 그래서 그 두 조건을 피했다는 얘기가 있어요.

그러니까 '제우스가 처음에 아스테리아를 사랑했고, 둘 사이에서 밤과 낮을 환하게 비출 찬란한 신을 낳고 싶었는데 그러지 못하자, 레토를 차선으로 생각했'라고 저는 생각해요.

레토의 아이들이 태어나 하늘의 태양과 달의 신이 되면서 오르튀기아섬은 델로스섬이 됐어요. '델로스'라는 말 자체가 '찬란하다'라는 뜻이 있어요. 제우스가 상대를 찾는 행동에 그런 깊은 뜻이 있었다고 생각해보면 어떨까요.

설민석 많은 원전에서 제우스가 욕정을 이기지 못하는 신으로 표현돼요. 그런데 별의 여신인 아스테리아를 원했던 것은 어두운 밤을 찬란하게 비추고자 했기 때문이었다고 해석하면 좋다는 말씀이시잖아요?

김현 제우스의 바람이 욕정에 못 이겼기 때문인 것처럼 표현된 곳이 많은데, 그 부분을 싹 걷어내고 보면 '세상을 지배하기 위해 필요한 요소들이 제우스의 애정이 향한 대상으로 표현됐다'라고 생각할 수 있어요. 또 '제우스가 자신의 권력을 확장하고 확립하는 데 필요한 협력자를 얻기 위한 노력이다'라고 얘기해야 할 것 같고요. 그 과정에서 제우스가 가장 적합한 인물을 찾아내려고 노력했다는 것을 건져내야만, 이 신화를 그냥 막장 드라마로서가 아니라 제대로 이해할 수 있을 거라고 생각해요.

우리도 살면서 '내가 뭘 갖고 있어야 세상을 잘살 수 있는가'라고 질문을 던질 때가 있잖아요. 그럴 때 제우스의 이야기가 필요한 요소들을 체크할 수 있는, 일종의 체크리스트처럼 활용될 수도 있다고 생각합니다.

※ 제우스는 권력자나 부자가 아니라 지혜의 여신 메
티스를 찾아간 겁니다. 이 이야기를 해석해보면 '어떤
큰일을 할 때 지혜를 먼저 구해라'라는 삶의 지침을 그
리스 사람들은 신화 속에 담아 넣은 거예요. 이것이
메티스가 제우스의 첫 번째 아내가 된 이야기에 담긴
메시지예요.

헤라의 질투

⚡

전지전능한 분이 막아내고
그들을 동시에 죄악에서 들어 올렸다.
그리고 날쌘 바람을 통해 공중으로 잡아채어
하늘에 올려놓고 이웃한 별자리로 만들었다.

—오비디우스, 『변신 이야기』

헤라의 질투

🏛 칼리스토 이야기

설민석   어느 날, 제우스가 인간세계에 내려옵니다. 인간들의 세상을 두루 살피다가 멈칫하고 놀라는데요. 바로 칼리스토^{Callisto}라는 공주를 본 겁니다. 참고로 칼리스토 이야기는 여러 가지 버전이 있어요.

칼리스토가 어떤 버전에서는 공주, 어떤 버전에서는 님프로 등장하죠.

그런데 이 공주는 여느 공주들과 좀 달라요. 멋지게 꾸미기 보다는 띠로 머리를 질끈 묶고, 사냥을 나가는 편한 차림에 활을 메고 다니는 역동적인 여성이었죠. 이런 액티브한 모습에 제우스도 반한 겁니다.

김현　말씀하신 것처럼 칼리스토는 활동적인 매력도 있었지만, 사실 굉장히 예뻤어요. 칼리스토라는 말도 그리스어로 '가장 아름다운'이라는 뜻입니다.

설민석　그런데 문제가 있었죠. 칼리스토가 달의 여신 아르테미스의 팬클럽 회원이었거든요. 아르테미스는 제우스의 딸이니까, 제우스는 딸의 팬클럽 회원에게 반한 겁니다. 아르테미스는 순결의 여신이기도 하니, 그 팬클럽이라면 순결을 맹세했을 테고 그럼 제우스의 사랑도 받아줄 수 없겠죠.
제우스는 또 그 좋은 머리를 씁니다. 어느 날, 칼리스토가 사냥을 하다 혼자 무리에서 떨어져 옷을 벗고 나무에 기대 햇살을 쬐고 있었어요. 그때 부스럭거리는 소리가 들려서 돌아보니 자

사냥에서 돌아온 아르테미스 • 페테르 파울 루벤스, 스페인 프라도미술관

기가 섬기는 아르테미스 여신인 거예요. 얼마나 반가워요. "어쩐 일이세요?" 그러자 아르테미스가 사냥하다 잠시 들렀다며, 피곤하다고 좀 눕자는 거예요. 팔베개도 해주고요. 칼리스토는 팬클럽이니까 순순히 했죠. 그랬더니 아르테미스가 갑자기 입을 맞추지 뭡니까!

단꿈　왜요? 순결의 여신인데?

설민석　약간 이상하잖아요. 그래서 칼리스토가 "여신님, 저 이제 가봐야 할 것 같아요. 죄송해요" 하고 일어서려는데 아르테미스가 "가긴 어딜 가!" 하면서 확 끌어안는 거예요. 보니까 변신한 제우스였던 거죠.

제우스는 칼리스토를 제압했어요. 칼리스토의 친구인 숲의 님프들이 그 모습을 봤지만, 강하고 무서운 제우스에게 아무 말도 하지 못하고 덜덜 떨고만 있었죠. 제우스는 '거사'를 마치고 뒤도 돌아보지 않고 휙 떠났다고 해요.

칼리스토는 너무나 당황스러운 나머지 활도 챙기지 못하고 울면서 떠났어요. 그러고 나서 세월이 좀 지났어요. 얼마나 지났느냐면, 아홉 달이 지났습니다.

단꿈　아홉 달요? 설마!

설민석 아르테미스가 칼리스토와 시종 님프들을 데리고 사냥을 나갔다가 계곡을 발견합니다. "얘들아, 더운데 우리 목욕하자!" 그러고는 옷을 훌러덩 벗고 물에 들어가요. 다들 따라서 벗고 들어가는데, 칼리스토만 가만히 몸을 웅크리고 있는 거예요.
이를 이상하게 여긴 아르테미스가 시종 님프들을 시켜 칼리스토의 옷을 벗겼어요. 칼리스토는 애써 손으로 가렸지만, 만삭의 몸이 드러나고 맙니다. 제우스 때문에 원치 않은 임신을 한 거죠.

단꿈 순결의 여신 앞인데 어떡하죠?

설민석 영문을 모르는 아르테미스는 화를 버럭 냅니다. "우리를 배신하고 몰래 남자를 만나서 임신까지 하고, 그 죄지은 몸으로 이 무리에 어울려? 배신자! 깨끗한 물을 더럽히지 말고 썩 꺼져!"
결국 칼리스토는 울면서 쫓겨납니다. 그리고 혼자 쓸쓸히 동굴에 들어가서 아이를 낳아요. 건강한 사내아이였죠. 그런데 이 사실을 헤라가 알아버렸습니다. 칼리스토가 제우스에게 일방적으로 당한 게 아니라 불륜인 줄 안 거예요.

"헤라여, 당신이 보았더라면 더 너그러웠을 텐데!"

―오비디우스, 『변신 이야기』

헤라는 올림포스에서 내려와 칼리스토를 보자마자, 머리끄덩이를 잡고 집어던져버려요. 마구 밟고 때리고, 머리채를 잡고 질질 끌고 다녔대요. 그러면서 숲의 님프들한테 말하죠. "너희 잘 봐. 여기 있는 불륜녀가 어떻게 당하는지 말이야!"

칼리스토가 무릎을 꿇고 "헤라 님, 죄송해요. 사실은요……" 하고 해명하려는데, 손에서 털이 돋아나기 시작합니다. 손가락이 구부러지면서 발톱이 돋아나고, 발에도 뾰족한 발톱이 돋아나요. "네가 잘난 얼굴로 내 남편을 꼬드겼어? 네 아름다움을 빼앗아주마!" 헤라가 짐승이 되는 저주를 내린 거죠.

아름다운 칼리스토는 온데간데없고, 헤라 앞에는 곰 한 마리가 엎드려 싹싹 빌고 있습니다. 기막힌 일이 벌어진 거죠.

⚖ 큰곰자리, 작은곰자리의 슬픈 사연

설민석 순식간에 곰이 된 칼리스토가 가장 먼저 챙긴 대상이 있습니다. 누굴까요?

단꿈 아기요, 아기!

설민석 맞아요. "내 아들! 오오……" 이러면서 아이가 있는 데로 갔는데

칼리스토를 곰으로 만드는 헤라 ◆ 헨드릭 홀치우스, 미국 로스앤젤레스카운티미술관

아이가 없어요. 사라진 거예요.

사실 제우스도 하늘에서 이 상황을 보고 있었어요. 헤라가 무서워 내려오지는 못하고 지켜보고만 있다가, 큰일 나겠다 싶어서 헤르메스를 부릅니다. "내가 얼마 전에 만난 여자가 아이를 낳았는데, 네 엄마가 길러줬으면 좋겠어. 네 배다른 동생이니까 좀 거둬."

헤르메스가 아이를 데리고 자신의 엄마인 마이아한테 가요. 그래서 칼리스토가 아이를 못 찾은 거예요.

헤르메스가 데려온 아이를 보고 마이아는 말합니다. "얘야, 이 어린 것이 무슨 잘못이니? 우리가 자식처럼 길러주자." 이렇게 해서 칼리스토의 아이는 마이아의 손에서 자라죠. 그래서 그리스어로 아이를 대신 돌봐주는 유모를 '마이아Maia'라고 해요.

단꿈 엄마나 맘Mom이랑 발음이 비슷하네요. 세계적으로 비슷한 거 같아요. 엄마, 맘, 마미Mommy, 마이아, 비슷한 느낌이잖아요.

김헌 정확해요. 세계적으로 봤을 때 엄마를 표현하는 단어엔 한글 ㅁ이나 알파벳 M이 들어가거든요. 언어학자들은 아이가 가장 먼저 소리 낼 수 있는 발음이 두 입술을 떼면서 나오는 '므'라고 해요. 그래서 가장 처음 보는 대상인 엄마나 유모에게 ㅁ이나 M이 들어가는 이름이 붙은 거죠.

설민석 하루아침에 곰이 된 불쌍한 칼리스토는 사냥개와 사냥꾼에게 쫓기면서 아이를 찾으러 다녀요. 자기가 곰인 것도 모르고 토끼를 보고 놀라 도망가기도 하죠. 그 세월이 무려 15년이에요. 그러다 마침내 아들을 찾습니다. 이름이 아르카스인데요. 15년이 지났으니까 청년이 됐겠죠? 그런데 모자가 재회한 상황이 기가 막힙니다.

사냥 나온 아르카스가 덫을 놓고서는 활을 들고 숨어 있었어요. 그때 바스락거리는 소리가 들려 딱 뒤돌아봤더니, 집채만 한 곰이 다가오는 거예요. 얼마나 놀랐겠어요. 아르카스가 급히 화살을 겨눕니다. "가까이 오면 네 심장에 화살을 꽂아 넣을 거야. 오지 마!" 그 곰이 바로 엄마 칼리스토였어요.

칼리스토는 아들을 한눈에 알아봤어요. 그런데 아들은 엄마가 곰이 된 줄도 모릅니다. 15년 만에 아들을 만났으니 꼭 껴안고 "내가 네 엄마다. 혼자 잘 컸구나" 말해주고 싶은데, 칼리스토 입에서는 "오오오오" 하는 소리밖에 안 나와요. 두 팔을 벌리고 다가가면 화살이 심장에 꽂힐 판이고, 등을 돌리고 도망가면 15년간 찾았던 자식을 다시는 볼 수 없어요.

이런 상황이라면 어떤 선택을 하시겠습니까? 아들 한번 안아주시겠습니까?

한젬마 진짜 눈물 나려고 해요. 자식인데 안아줘야죠.

설민석 심장이 꿰뚫릴 텐데도?

단꿈 자식을 위해서는 목숨도 버릴 수 있지 않을까요?

설민석 비극이죠. 칼리스토도 아마 같은 생각이었나 봐요. "우오오오" 하면서 계속 다가가요. 아무것도 모르는 아르카스가 활시위를 막 당기려는 순간, 펑 하고 누가 나타나서 소리쳐요. "안 돼!" 제우스였어요. 놀란 아르카스가 "누구세요?" 하고 묻자, 그 유명한 대사가 나오죠. "I am your father." 그리고 또 말합니다. "She is your mother."

제우스는 아버지로서 얼마나 미안하겠습니까. 그래서 다시는

곰으로 변한 엄마를 죽이려는 아르카스 ◆
헨드릭 홀치우스, 미국 로스앤젤레스카운티미술관

두 사람이 헤어지지 않게 해주겠다고 해요. 여기 있으면 헤라한 테 붙잡히니까 하늘로 올라갈 수 있게 구름으로 다리를 만들어 줘요. 그 다리를 밟고 아들과 엄마가 손잡고 하늘로 가죠. 제우 스는 두 사람이 절대 떨어지지 않도록 별로 만들어줍니다. 밤하 늘의 큰곰자리, 작은곰자리가 이렇게 해서 생겼다고 해요.

> 전지전능한 분이 막아내고
>
> 그들을 동시에 죄악에서 들어 올렸다.
>
> 그리고 날쌘 바람을 통해 공중으로 잡아채어
>
> 하늘에 올려놓고 이웃한 별자리로 만들었다.
>
> ─오비디우스, 『변신 이야기』

아직 문제가 남아 있어요. 헤라가 칼리스토와 그 아들이 별이 된 것을 보고 펄쩍 뛰죠. 헤라는 영문을 모르니까 그들이 별이 되어 자신을 놀리고 있다고 생각해요. 제우스의 권능이라 이미 별이 된 그들을 하늘에서 떼어버릴 수도 없어요. 그래서 울면서 바다의 신을 찾아갑니다. 바다의 신 하면 누가 떠오르죠?

단꿈   포세이돈!

설민석   이 이야기에서는 전직 바다의 신이 등장한다고 해야 할까요? 헤라가 찾아간 것은 오케아노스ᴼᵏᵉᵃⁿᵒˢ입니다. 헤라가 어렸을 때 오케아노스 손에서 자랐거든요. 양아버지 같은 존재죠.
헤라는 남편이 바람을 피워서 자식까지 낳아놓고, 여자와 그 아들을 하늘의 별로 만들었다는 사실을 고하면서 도움을 청해요. "밤만 되면 저 하늘에서 나를 내려다보며 놀려요. 아버지, 모든 별자리는 이동하면서 바다에 몸을 담가 씻고 영롱한 채로 떠오르잖아요. 저 더러운 것들에게 아버지가 운영하는 바다 목욕탕 접근 금지령을 내려주세요."

> • **오케아노스(Okeanos)** = 헤라의 양아버지
> • **테티스(Téthys)** = 헤라의 양어머니

오케아노스는 헤라의 부탁을 들어주죠. 그래서 다른 별자리들이 계절마다 자리를 바꿀 때도, 이들은 북극성을 중심으로 계속 맴돌기만 해요. 불쌍한 모자 큰곰자리, 작은곰자리 이야기였습니다.

오케아노스와 테티스의 모자이크 ✦
작자 미상, 아담 존스 사진, 튀르키예 제우그마 모자이크박물관

Ⅲ 신화, 세상을 비추는 거울

단꿈 실제로 큰곰자리와 작은곰자리는 일 년 내내 관측할 수 있는 별자리잖아요. 이렇게 신화와 연관이 있는 줄 몰랐어요. 그리스 로마 신화에 별자리 이야기가 나오는 게 어떤 특별한 의미가 있나요?

김헌 옛날 사람들은 밤에 텔레비전을 보거나 책을 읽을 수도 없고, 잠이 오지 않을 때 할 수 있는 거라곤 하늘을 올려다보는 것뿐이었어요. 아이들이 밤하늘에 별들이 수놓인 모습을 보고 "저건 뭐예요?" 하고 물어봤겠죠. 어른들이 그 물음에 대답해주는 과정에서 이런 이야기가 만들어졌다고 생각해볼 수 있어요.
어느 나라나 그 나라에 맞는 별자리 이야기가 있거든요. 그런데 지금 남아 있는 별자리 이야기의 표준처럼 된 것이 그리스 로마 신화예요. 천문학계에서 별자리 이름을 정할 때 대체로 그리스 로마 신화에서 따왔기 때문인데요. "왜 하필 그리스 로마 신화일까?"라고 묻는다면, 세계 문명사의 흐름 속에서 서양이 갖는 힘 때문이라고 이해해야 할 것 같아요. 그 서양의 뿌리라고 할 수 있는 것이 그리스 로마 신화고요.
그리스 로마 신화에서 별자리가 되는 것은 대체로 '영원한 불멸성 획득'으로 해석됩니다. 그래서 뛰어난 업적을 세운 영웅이라든가, 아주 애틋한 사연의 주인공을 불멸의 존재로 만든다는 의미가 있어요.

칼리스토와 아르카스가 큰곰자리와 작은곰자리가 된 건 제우스의 사랑을 표현한 것이라고 얘기할 수 있고요. 헤라클레스도 영웅으로 죽는데 제우스가 하늘의 별로 만들어줍니다. 의학의 신으로 알려진 아스클레피오스는 제우스가 분노를 참지 못하고 벼락을 던져 죽이거든요. 그러고 나니 너무 미안해서, 다시 살려 하늘의 별자리가 되게 했다는 이야기도 있어요.

제가 자꾸 제우스를 변호하는 것 같지만 이번에도 신화적인 의미를 한번 생각해볼까요? 칼리스토에게 성적인 매력을 느껴서, 욕망을 참지 못했다고 여길 수도 있지만, 제우스가 통치자라는 사실을 중심으로 다시 살펴보는 거예요.

북극성을 중심으로 도는 큰곰자리, 작은곰자리는 뱃사람들이 방향을 잡을 때 표준이 되는 길잡이 역할을 해요. 배를 탄다는 건, 당시에는 목숨을 걸고 모험이나 경제적 활동을 한다는 뜻이에요. 제우스는 그런 사람들에게 지침을 주기 위해 하늘에 고정된 별자리를 한번 만들어보자고 생각한 것일 수 있어요.

단꿈　칼리스토 입장에서 생각해보면 너무 억울했을 것 같아요. 그리스 로마 시대, 여성들의 위치는 어땠나요?

김현   전통적인 해석 방식 중 하나는, 신화 자체가 우리 세상을 비추는 거울이라는 거예요. 이 이야기를 보면 칼리스토가 억울하잖아요. 그럼 왜 이런 이야기를 만들었느냐? 그 당시에 칼리스토 같은 여성이 많았고, 그렇게 힘들고 어렵고 권력자에게 당하는 사람이 많았다는 거죠.

신화 속의 제우스는 상당히 폭력적입니다. 자신의 권력을 이용해 원하는 여성을 취하잖아요. 그리스 로마 사람들은 오랫동안 이 이야기에 메시지를 담으려고 했어요. 그 당시 권력자들의 비리나 죄악을 고발하려고, 이를 이야기에 담아낸 것이라고 말들 해요. 그런데 "당신이 그랬지!" 같은 방식의 표현은 너무 직접적이니까, 대신 "제우스라는 존재가 있었는데, 이런 일을 했다더라!"라고 표현한 거죠. 이야기를 듣는 왕은 자기를 가리키는가 싶어서 제 발 저리지 않겠어요? 그래서 "저 녀석이 감히 나를?" 하고 발끈하면 "아, 아닙니다. 이건 제우스 이야기예요" 하고 피해 갈 수 있는 거죠.

그림과 신화

아르테미스로 변장해 칼리스토를 유혹하는 제우스
요한 하인리히 빌헬름 티슈바인, 독일 헤센 카셀 주립박물관

한젬마   칼리스토와 아르테미스가 등장하는 작품을 소개해드릴게요. 이 그림을
한번 보세요. 누가 아르테미스일까요?
아르테미스는 달의 여신이기도 하잖아요. 상징을 잘 찾아볼까요? 달을
가진 여인이 있죠.

단꿈   아! 오른쪽이 아르테미스네요.

한젬마   맞아요. 달 모양의 머리띠가 보이죠. 그런데 머리띠를 자세히 보면 산양의 뿔처럼 보이기도 해요. 산양 혹은 염소는 제우스를 상징하기 때문에, 그림 속 아르테미스가 변신한 제우스라는 것을 알 수 있죠.
또 다른 상징을 확인해볼까요? 왼쪽 구석에 독수리를 타고 있는 에로스가 보이죠. 독수리가 발로 번개를 잡고 있고요. 제우스의 상징인 번개와 독수리, 그리고 사랑의 화살을 쏘는 에로스를 등장시킴으로써 제우스가 사랑에 빠졌음을 표현한 거예요.
같은 주제를 표현한 작품이 또 하나 있는데요. 아래 그림을 보면 왼쪽이

제우스와 칼리스토
페테르 파울 루벤스, 독일 헤센 카셀 주립박물관

136

칼리스토, 오른쪽이 아르테미스예요. 그런데 아르테미스 옆에 독수리를 같이 그려서, 아르테미스가 실은 제우스임을 알려주고 있어요.

두 그림 속 아르테미스의 시선을 비교해볼까요? 처음 그림은 칼리스토를 올려다보며 존중하는 느낌이에요. 다정하게 사랑을 속삭이는 것 같죠. 반면에 나중 그림은 아르테미스가 칼리스토를 강렬하게 내려다보고 있어요. 보다 남성적이고 권위적으로 느껴지는 시선입니다.

또 다른 그림을 볼까요? 칼리스토가 임신 사실을 발각당할 때를 그린 그림이에요. 목욕하러 왔는데, 다른 네 명이 각각 오른손과 왼손을 결박하고, 한쪽 다리는 밟고, 뒤쪽에서 또 다른 다리를 붙잡고 꼼짝도 못 하게 한

아르테미스와 칼리스토
베첼리오 티치아노, 영국 내셔널갤러리

상태에서 천을 들춰 임신한 배를 드러내고 있어요. 너무 처참하고 수치스럽죠. 반면에 아르테미스는 님프들에게 존중받으면서 권위적으로 손을 내밀고 있어요. 한번 들춰보라고 명령하는 상위의 위치를 나타내고 있죠. 많은 이야기를 나눌 수 있는 촉매제 같은 역할을 하는 작품들입니다.

Ⅱ 세상 만물에 깃든 사연

단꿈 달의 여신, 순결의 여신이라는 이름 때문인지 아르테미스는 뭔가 정숙하고 청순하고 고요한 느낌이었는데, 그림을 보니까 오히려 강한 성격도 느껴져요. 어땠을까요, 교수님?

김헌 잘 보셨어요. 아르테미스는 정숙하고 단정하고 깨끗한 면도 있지만 굉장히 단호하고 강력한 면도 있어요. 이와 관련해서 가장 유명한 게 니오베 이야기입니다.
니오베라는 왕비가 아들 일곱, 딸 일곱, 이렇게 자식 열네 명을 낳고 존경을 받으며 살았어요. 니오베는 사람들이 레토 여신을 찬양하고 경배하는 모습을 보고는 질투를 느껴요. "아니, 레토 여신이 뭐 잘났다고 사람들이 저렇게 열광해? 레토는 자식이라곤 달랑 아폴론하고 아르테미스 둘밖에 없잖아. 나는 열넷이나 있어." 그러면서 잘난 척을 한 거예요. 레토를 경배하는 것의 일곱 배를 자기한테 경배해야 한다면서 오만하게 굴었어요.
레토가 굉장히 자존심 상하고 속상했겠죠? 아들딸에게 자신이 모욕당했다고 이야기합니다. 그걸 들은 아르테미스는 참지 않아요. "감히 내 어머니를 모욕한 자가 누구냐?" 하면서 니오베를 찾아갑니다. 아폴론과 아르테미스가 화살을 잘 쏘잖아요. 화살을 쏴서 니오베의 자식을 열네 명 모두 죽여버립니다.

니오베는 자식이 하나씩 죽어갈 때마다 비통해하면서, 자신의 오만을 후회하며 애원해요. "레토 여신이여, 아르테미스 여신이여, 저를 용서해주소서!" 그래도 아르테미스는 용서하지 않고 다 죽여버립니다. 니오베는 그 모습을 보면서 하염없이 울다가 돌로 변해버리죠. 그렇게 돌로 변해서도 슬픔을 참을 수가 없어 계속해서 흘린 눈물이 샘을 이룰 정도였대요. 튀르키예에 바로 이 니오베 바위가 있어요.

단풍   바위 하나도 그냥 바위로만 볼 게 아니네요! 샘도 그냥 샘이 아니고. 이제 조심해야겠어요. 무슨 사연으로 바위가 되고, 샘이 됐는지 모르니까요. 알고 보면 다 사연이 있어요.

김헌   진짜 중요한 말씀 하셨어요. 그리스 로마 사람들이 세상 곳곳 보이는 모든 것에 이야기를 하나씩 심어줌으로써 세상을 좀 더 아끼고 사랑하고 존중할 수 있도록 했어요.

Ⅱ 헤라의 질투 대폭발

설민석   옷깃만 스쳐도 사랑에 빠지시는 '옷사빠' 제우스! 이번엔 어떤 여성에게 빠질까요? 제우스의 눈에 기도하고 있는 여성이 보이네요. 기도하는 일이 직업인 것 같아요. 누구냐면 강의 신 이나코스의 딸이자, 헤라 여신을 섬기는 여사제예요.

단꿈   아니, 자기 아내를 모시는 여사제를 탐내는 거예요?

설민석   이 여성의 이름은 이오[16]예요. 그날도 신전에 출근해서 열심히 기도하고 있는데 갑자기 뒤에서 제우스가 나타나 추근대는 거예요.
"왜 이러십니까. 저는 헤라 님을 모십니다. 그만하시지요" 하며 도망가지만, 제우스가 가만히 있겠어요? 쫓아가지. 그런데 제우스가 가장 무서워하는 게 누굽니까? 헤라죠. 헤라가 하늘에서 보고 있을 걸 아니까 구름으로 변신해서 쫓아갑니다. 도망가는 이오의 눈앞을 구름의 어둠으로 가리고, 이오가 앞이 안 보여서 헤맬 때 확 덮칩니다.
같은 시각, 헤라는 '내 남편이 또 어디서 바람피우지 않나' 하고 내려다보고 있었어요. 그런데 희한하게 환한 대낮인데, 넓은 들판에 컴컴한 구름 하나가 떠 있는 거예요. 말이 안 되잖아요. '아, 이 양반 딱 걸렸어!' 하고 헤라가 바로 내려옵니다. 구름을 확 걷었더니 거기에 하얀 암소 한 마리가 눈을 끔벅거리고 있는 거예요.
본모습으로 돌아온 제우스에게 헤라가 캐묻죠. "당신 여기서 뭐

제우스와 이오 •
존 호프너, 미국 덴버미술관

하는 거야?" 제우스는 "아니, 내가 소를 한 마리 만들었어. 하
얀 암소인데 너무 예쁘지?" 하고 대답해요. 헤라는 의심을 거두
지 않고, 그 소를 자기한테 줄 수 있냐고 떠봐요. 그러니까 제우
스는 그냥 줘버리고 무책임하게 휙 하늘로 올라갑니다.

심증은 있는데 물증이 없어요. 헤라는 부하를 불러 수상한 암
소를 감시하라고 맡깁니다. 머리에 눈이 100개가 붙어 있는 아
르고스라는 거인이에요. 아르고스는 눈이 100개라 360도를 다
봐요. 잘 때도 눈을 두 개만 감고 나머지 98개는 뜨고 있어요.
소가 된 불쌍한 이오는 온종일 아르고스의 감시 아래 지냅니다.
낮에는 강물을 마시며 풀을 뜯어 먹고, 밤에는 사슬에 묶여요.
한편 이오의 집에서는 딸이 사라졌다고 난리가 났죠. 강의 신인

아버지가 슬픔에 빠져 동굴에서 눈물을 흘리니, 강물이 바다로 흘러가지 못하고 계속 불어났다고 해요.

> 그는 동굴 가장 깊숙한 데 숨어
> 눈물로 강을 불렸고,
> 딸 이오를 잃은 데 무척 상심하며 통곡했다.
>
> —오비디우스, 『변신 이야기』

온 가족이 이오를 찾아 나섰어요. 그런데 이오는 멀리 있지 않았죠. 아버지가 강의 신인데, 딸은 강가에서 풀을 뜯어 먹고 있었던 거예요. 아버지가 딸을 눈앞에 두고도 몰라보고 "너는 어쩌면 눈망울이 내 딸같이 생겼니" 하면서 여물을 주고 가기도 했고요.

그러다 이오는 특별한 방법으로 아버지에게 자신이 딸임을 알렸는데요. 과연 어떤 방법을 썼을까요?

단꿈　말을 못 하니까 눈물을 흘리지 않았을까요?

설민석　눈물은 그 전부터 흘리고 있었어요. 바닥에 발굽으로 자기 이름을 썼대요. 이걸 본 강의 신이 한탄합니다. "아이고! 네가 어쩌다 이렇게 됐니. 내 영원한 슬픔과 고통을 어찌할꼬!" 강의 신은 신이라 죽고 싶어도 죽지 못하니까 눈물만 하염없이 흘리는 거죠. 그때 아르고스가 와서 소를 끌고 가버려요.

헤르메스와 아르고스 ◆ 페테르 파울 루벤스, 독일 드레스덴 고전거장미술관

헤르메스와 아르고스 ◆ 페테르 파울 루벤스, 스페인 프라도미술관

구름 속에서 내려다보던 제우스가 헤르메스를 또 부릅니다. 양
치기로 변신해 피리를 불어서 거인을 재우고 이오를 탈출시키라
고 하죠. 헤르메스는 제우스의 말대로 피리로 자장가를 불러댔
어요.

이 소리에 아르고스가 잠이 들긴 하는데 눈이 다 감기지는 않
았어요. 이쪽 눈이 감길 만하면 저쪽을 떴죠. 헤르메스는 이제
피리를 던져놓고 이야기를 시작합니다. 일부러 지루하게 이야기
를 늘어놔요. 가까스로 거인의 눈 100개가 다 감기자, 기회는
이때다 하고 반달 모양 칼을 꺼내서 아르고스의 목을 자릅니다.
이오는 아버지가 있는 강으로 도망갑니다. 헤라가 느낌이 이상
해 내려와서 봤더니, 자신의 오른팔 아르고스의 목이 떨어져 있
는 거예요. 얼마나 분노했겠어요. "아르고스, 누가 널 이렇게 만

들었니! 내가 너무 미안하구나. 영원히 너를 추모하고 잊지 않겠다." 그러고는 자신이 키우는 새의 날개에 아르고스의 상징인 눈을 모두 뽑아서 달았어요. 그 새가 바로 공작새입니다.
헤라의 분노는 극에 달합니다. "이오!!!"

> 헤라는 즉시 불타올라 분노의 시간을 미루지 않고
> ……이오의 눈과 마음에 무서운 복수의 여신을 보냈으며,
> 가슴에는 광기의 몰이 막대기를 심어
> 온 세상을 도망치게끔 내몰았다.
>
> —오비디우스, 『변신 이야기』

헤라는 복수의 여신을 불러 이오를 미치광이로 만들게 해요. 그리고 쇠파리 수천 마리를 등에 붙여 피를 빨아 먹게 합니다. 이오는 괴로워 몸부림치다 쇠파리의 공격을 피하려고 강에 뛰어들어요. 강에서 바다로, 또 육지로 올라왔다 다시 강으로, 바다로 떠돌아요. 이때 이오가 헤엄쳐 건넌 바다가 이탈리아 남부의 이오니아해입니다.
계속 헤엄쳐서 이곳저곳 떠돌다 나일강 부근까지 왔는데도 쇠파리들의 공격은 그치질 않고, 이오는 미쳐서 하늘을 향해 울부짖어요. 제우스가 그 소리를 듣고 급기야 헤라를 찾아갑니다. "여보, 내가 잘못했소. 그만합시다."

헤라도 본래 이런 성품이 아니었어요. 가정의 여신이잖아요. 마침내 헤라는 이오에 대한 분노를 거뒀고, 비로소 이오의 눈에서 광기가 사라져요. 제우스가 이오를 여인의 모습으로 되돌려줍니다. 사제였던 이오가 본모습을 되찾자, 나일강 인근 사람들이 그를 여신처럼 여겨 신전을 만들었다고 해요.

이제 이오는 아마포 옷을 입은 수많은 군중에게
여신으로 숭배되었고……
온 도시에 걸쳐 신전을 가졌다.

—오비디우스, 『변신 이야기』

제우스와 이오
안토니오 다 코레조, 오스트리아 빈 미술사박물관

단꿈 이렇게 애처로운 이오 이야기는 그림으로는 어떻게 표현됐나요?

한쳄마 제가 너무 좋아하는 그림 중 하나인데요. 제우스가 헤라에게 들키지 않으려고 먹구름으로 변신해서 이오하고 사랑을 나누잖아요. 그 모습을 표현한 그림이에요.

먹구름과 님프가 사랑을 나눈다고 상상해보세요. 먹구름에 안겨 황홀해하는 여인. 그리고 먹구름 안에 살짝 엿보이는 제우스의 얼굴. 저는 이 그림을 보면서 "야, 이게 그림의 묘미다!" 싶었어요.

다음 작품은 제우스가 먹구름으로 가리고 사랑을 나누다가, 헤라가 찾아오자 이오를 암소로 변신시키는 대목을 그린 작품이에요. 공작과 함께 등

이오와 함께 있는 제우스를 발견한 헤라
피터르 라스트만, 영국 내셔널갤러리

장한 여신이 헤라예요. 사랑의 신인 에로스도 보이죠? 망토로 덮어주며 사랑을 지켜줘요. 그런데 눈이 100개 달린 아르고스가 가면을 쓰고 나타나서는 망토를 벗기며 헤라에게 이 상황을 알려주는 거죠. 헤라의 충신이니까요.

그리고 제우스는 원래 독수리, 번개와 같이 있어야 하는데 둘 다 없어요. 제가 본 제우스 중에 가장 초라해요. 벌건 얼굴 좀 보세요. 들켜서 흠칫 놀란 거죠. 시선도 헤라를 향해 있어요.

단꿈　제우스답지 않아요. 너무 놀란 표정이네요.

헤라와 아르고스
페테르 파울 루벤스, 독일 발라프 라하르츠 미술관

한젬마　그렇죠. 반면에 헤라는 당당해요. 모든 것을 다 아는 모습이죠. 그런 상황을 한 작품에 잘 표현했어요.

다음 작품은 공작의 탄생 스토리라고 볼 수 있어요. 헤르메스가 아르고스의 목을 베서, 바닥에 몸통이 나동그라져 있어요. 위쪽에 그려진 무지개는 그 아래에 있는 여인이 무지개의 여신 이리스임을 알려주는 거예요. 붉은 옷을 입은 여인이 바로 헤라입니다.

두 여인 사이에 있는 머리가 보이십니까? 아르고스의 머리예요. 100개나 된다는 눈을 이리스가 핀셋으로 뽑고 있어요. 헤라가 손에 든 것이 눈알들이에요. 왼쪽을 보면 아기 천사들이 눈알을 받아서 헤라가 기르는 새에게 달아주고 있죠. 이렇게 해서 눈망울이 달린 것 같은 깃털을 가진 공작이 탄생했다는 이야기입니다. 헤라가 충신의 죽음을 슬퍼하며 아끼는 새에게 그 눈들을 붙인 것은 '너는 죽었지만 나는 너와 평생을 같이하겠다. 네 눈은 나와 함께 세상을 비추고 다른 사람들과 눈을 맞출 것이다', 이런 의미가 아닐까요?

단꿈　와! 그림 속에 그런 뜻이 있었다뇨.

한젬마　구석구석 보는 즐거움이 있어요.

☞ 제우스에겐 계획이 있었다!

설민석   이와 같은 이야기가 단지 막장 드라마일 뿐이라면 수천 년 동안 전해질 이유가 없겠죠? 지금까지 나눈 이야기들에 담긴 상징과 은유를 김헌 교수님께 들어볼까요?

김헌   앞서 제우스 이야기에는 당시 권력자들의 행태를 고발하는 취지가 담겨 있다고 했잖아요. 하지만 그것만으로는 세계적인 필독서가 될 수 없었을 겁니다.

사람들은 단순히 헤라가 질투한다고 느끼잖아요? 그런데 헤라의 상징 자체가 결혼과 가정입니다. '결혼은 신성하다'라는 가치를 헤라라는 존재에 상징적으로 입힌 거죠. 헤라가 화를 내는 이유는 제우스가 결혼이라는 신성한 맹세를 어겼기 때문이에요. 그럴 때 공적인 응징을 집행하는 거죠. 즉 헤라의 분노는 '공분'이라고 생각하면 좋을 것 같아요.

단꿈   그럼요, 응징해야죠!

김헌   그 당시에 결혼을 얼마나 소중히 생각했는가 짐작할 수 있어요. '결혼을 했으면 상대에게 충실하라. 그렇지 않으면 헤라가 노하리라'라고 알려주는 거죠. 그 맹세를 어겼을 때 헤라가 끝까지 응징한다는 이야기를 듣고 자란 아이는 사람이 암소로 변하거나 눈이 100개 달린 거인이나, 이런 비합리적인 이야기는 그냥 흘려 넘길 수도 있어요. 하지만 그 안에 담긴 윤리적 메시지는 계속 마음에 남을 거예요.

이제 제우스의 변론을 해볼까요? '제우스는 다 계획이 있었다'는 겁니다. 신화에는 그리스인들이 역사를 어떻게 보고 싶은가에 대한 욕망이 담겨 있어요.

제우스가 이오를 선택한 데는 '저 여인과 내가 관계를 맺으면, 이 세상에 문명을 세울 훌륭한 인간을 만들어낼 수 있겠구나'라는 배경이 깔려 있어요. 그동안의 애정 행각은 사실 신과 신 사이에서, 우주 전체를 지배할 때 필요한 요소들을 만들기 위한 협력자를 얻기 위해 이루어졌어요.

이제 인간세계에도 자신의 뜻을 펼쳐야 할 거 아니에요. 제우스가 직접 가서 문명을 만들면 이야기가 안 되니까, 어떤 인간이 활약해서 문명을 만들도록 했고, 여기서는 제우스가 이오를 선택했어요. 이오는 그리스를 넘어 세계를 떠돌다가 이집트에 이르렀다고 해요. 이오가 이집트 신화에서 굉장히 중요한 이시스 여신이 됐다는 이야기도 있어요. 이집트 신화를 보면 신의 모습을 동물로 표현하잖아요. 가장 중요한 신 중 하나로 대접을 받고 있는 이시스 여신이 바로 암소 모습을 하고 있어요.

그런데 과연 그럴까요? 사실은 지나치게 그리스 중심으로 역사를 왜곡한 거라고 볼 수 있어요. 객관적으로 따지면, 이집트 문명이 북상해서 그리스 문명에 상당히 도움을 줬을 것으로 보이거든요. 그런데 그리스인들은 "우리 동네에 살던 이오라는 여인이 암소로 변해 저쪽에 갔기 때문에 이집트 문명도 생겼어"라고 바꿨어요. 어떻게 보면 그리스인들의 '국뽕'이라고 할 수 있겠죠. 그리스인들은 신화를 통해 세상이 모두 그리스에서 시작되고, 그리스에서 만들어지고, 그 모든 뜻을 이룬 자가 제우스라고 말한 거예요.

제우스가 인간과 사랑을 나누는 이야기 대부분은 그리스와 그 주변 문명을 세우는 데 중요한 역할을 하는 인물을 낳기 위해 만들어졌다고 볼 수 있어요. 즉 인간세계에 문명을 만들기 위해 인간과 사랑을 나눴다고 볼 수 있습니다.

단꿈 교수님, 유럽 문명도 그런 식으로 탄생한 건가요?

김헌 아게노르라는 이오의 증손자가 있어요. 그는 권력 투쟁으로는 왕권을 잡지 못할 것 같으니까, 이집트를 떠나 페니키아에서 왕이 돼요. 그가 낳은 딸이 에우로페예요. 이오의 고손녀죠.

설민석 에우로페. EUROPE. 유럽이네요?

김헌　네, 맞습니다. 그런데 페니키아의 에우로페 공주를 제우스가 보고 또 "쟤다!" 하고 노린 거예요.

제우스는 인간들에게는 본모습으로 다가갈 수가 없어요. 번개의 신인 데다 광채와 힘이 있기 때문에, 그대로 자기를 노출시키면 상대가 녹아내려 죽어버리죠. 그래서 변신해요.

이번에는 황소로 변신하고 에우로페가 노는 데로 갑니다. 보통은 덩치 큰 황소가 다가오면 두려워하죠. 그런데 에우로페는 호기심에 다가섭니다. '웬 황소지? 왜 이렇게 잘생겼지?' 에우로페가 쓰다듬는데 황소가 싫어하지 않고 오히려 더 쓰다듬어달라는 듯이 다가와서 마치 '등에 올라타봐' 하는 것처럼 자세를 낮췄어요. 에우로페가 올라탔더니 황소가 갑자기 일어서서 바다에 뛰어들어요.

이렇게 제우스가 황소로 변해서 에우로페를 태우고 여기저기 돌아다녀요. 이런저런 이야기에 의하면, 이때 돌아다닌 지역이 지금의 유럽이라고 해요. 유럽이 유럽연합을 이루고 있잖아요. 이 유럽연합을 만들 때 하나로 합쳐야 하는 근거로 찾았던 것 중 하나가 에우로페 신화였대요.

마침내 크레타섬에 다다른 에우로페는 자식을 셋 낳는데, 그중 하나가 미노스 왕이에요. 미노스가 똑똑하게 세상을 잘 다스리고, 왕국을 건설하고, 문명을 만들었으니, 그 문명의 이름이 미노아문명입니다. 이 문명이 유럽 문명의 시발점이라고 이야기하고요. 그러니까 제우스는 지금의 서양 문명을 만들기 위해서 에우로페라는 여인과 사랑을 나눈 거죠. 헤라의 견제에도 불구하고 문명을 만들기 위해서!

단꿈 자식을 낳고, 영역을 더 넓히기 위해?

김헌 그렇습니다. 한편 헤라는 그런 와중에도 결혼이라는 규칙을 지켜야 하죠. 어떻게 보면 헤라와 제우스의 막장 드라마 같은 이야기는 '고대 세계에 있었던 권력 지향적 가치와 사랑과 결혼 지향적 가치의 충돌'로 해석될 수도 있을 것 같아요.

단꿈 오늘 너무 재미있는 발견을 했어요. 칼리스토, 이오, 에우로페가 목성을 도는 위성들 이름이라는 것 아세요? 목성이 영어로는 주피터Jupiter인데, 제우스의 영어 이름이잖아요. 제우스 주위를 도는 위성들 이름이 오늘 이야기 속 여인들 이름인 거예요.

김헌 맞아요. 천문학자들이 망원경으로 천체를 관찰하면서 태양계 행성 중 제일 큰 목성에 주피터(제우스)라고 신의 이름을 붙였어요. 그다음에 위성을 하나씩 발견했단 말이에요. 이름을 어떻게 붙였을까요? 천문학자가 어렸을 때 재미있게 배웠던 신화를 가져온 거예요.

한젬마 알아가면 알아갈수록 그리스 로마 신화 없이는 세상을 이해하기 힘들구나 싶어요.

김헌 적어도 서양 문명을 이해하는 데는 그렇겠죠.

에우로페의 납치 ◆ 장 프랑수아 드 트루아, 미국 내셔널갤러리

✳ 그 당시에 결혼을 얼마나 소중히 생각했는가 짐작할 수 있어요. '결혼을 했으면 상대에게 충실하라. 그렇지 않으면 헤라가 노하리라'라고 알려주는 거죠. 그 맹세를 어겼을 때 헤라가 끝까지 응징한다는 이야기를 듣고 자란 아이는 사람이 암소로 변하거나 눈이 100개 달린 거인이나, 이런 비합리적인 이야기는 그냥 흘려 넘길 수도 있어요. 하지만 그 안에 담긴 윤리적 메시지는 계속 마음에 남을 거예요.

영웅의 탄생

⚡

메두사의 머리에서 핏방울들이 흘러내렸다.
땅이 그 핏방울들을 받아 갖가지 뱀으로 소생시켰다.

—오비디우스, 『변신 이야기』

○+→ 다섯 번째 이야기 ←+○

영웅의 탄생

🏛 다나에의 출산

설민석 신과 인간 사이에서 태어난 아이를 영웅이라고 합니다. 이번에는 이 영웅 이야기를 해볼까 해요.

옛날에는 그리스가 여러 작은 왕국들로 쪼개져 있었는데요. 그중 아르고스 왕국에 아크리시오스라는 왕이 있었습니다. 왕좌를 두고 다투다가 쌍둥이 동생을 몰아내고 왕이 됐죠. 왕은 권력 다툼으로 얻은 자리이니 왕권을 더욱 강화해야 했어요. 이럴 때 왕들이 의지했던 게 세자잖아요. 아들을 낳아야 했지만, 다나에^{Danae}라는 예쁜 딸만 있었습니다.

왕이 신전을 찾아가서 묻습니다. "신이시여, 제가 과연 아들을 얻을 수 있을까요?" 그랬더니 신탁이 내려옵니다. "너에게 아들은 없다! 네 딸은 아들을 낳을 텐데, 그 아이가 장성해 너를 죽일 것이다!"

사내아이를 얻는 문제로 신탁을 구하는 아크리시오스에게,
신은 그의 딸에게서 그를 죽일 아들이 태어난다고 말했다.

—아폴로도로스, 『비블리오테케』

외손자가 자신을 죽일 거라는데, 여러분 같으면 어떻게 하겠습니까?

단꿈 너무 두렵긴 하겠지만, 인류을 거스를 수는 없으니까 낳고서 방어해야 하지 않을까요?

설민석 여러분은 참 심성이 고와요. 그런데 이 왕은 그러지 않았어요. 딸이 남자를 만나지 못하고 평생 처녀로 살게 하려고 지하 감옥에 가둬버려요. 심지어 감옥을 금고처럼 청동으로 만들어서 보안을 철저하게 했어요. 원전을 보면 다나에는 청동 방 혹은 청동 탑에 갇혔다고 나와요.
이 대목에서 우리의 제우스가 안 나타나면 섭섭하겠죠! 제우스가 하늘에서 내려다보다 깜짝 놀라요. 너무 예쁜 애가 청동 방에 갇혀 있는 거예요. 그래서 철통 같은 보안을 뚫고 침투할 궁

(왼쪽) 다나에 ◆ 베첼리오 티치아노, 스페인 프라도미술관
(오른쪽) 다나에 ◆ 구스타프 클림트, 개인 소장

리를 합니다. 제우스의 주특기가 변신이잖아요. 황금비가 되어
서 내립니다. 그리고 10개월 뒤!

청동 방에서 응애응애 아기 우는 소리가 나요. 왕이 청동 방을
허물어서 보니까 자기 딸이 사내아이를 안고 있어요. "아니, 너
남자를 어떻게 만난 거냐?" 딸은 제우스가 찾아왔다고 해요.
왕은 믿기지 않지만 신이 아닌 존재라면 절대 들어갈 수 없었을
테니 맞는 것 같기도 해요. 또 아이를 보니까 만감이 교차합니
다. '나를 죽일 자가 이 아이인가?' 이미 태어난 아이, 어떻게 했
을까요?

단꿈　아기니까 너무 귀여울 거 아니에요. 자기 핏줄이고. 신탁을 부정
해버리지 않았을까요?

설민석　첫 번째 이야기부터 쭉 봐도 신탁이 틀린 적이 없더라고요. 얘를 살리면 내가 죽고, 내가 살려면 얘를 죽여야 해요. 그런데 죽였는데 진짜 제우스의 아들이었다면 어떡하나요. 신의 아들을 죽여버린 거잖아요. 이런 딜레마에 빠져서 미친 듯이 고민하던 왕은 아이디어를 떠올립니다.

　　　　 "너 제우스랑 사랑을 나눴다고 했지? 아이를 데리고 네 남편을 찾아 떠나라." 그러고는 궤짝에다 이 모자를 집어넣고 바다에 띄워 보냅니다.

> 그는 딸이 제우스에게 유혹받았다는 것을 믿지 않고,
> 딸을 아이와 함께 궤짝 안에 넣어 바다에 던졌다.
>
> ─아폴로도로스, 『비블리오테케』

🏛 메두사의 머리를 가져오라!

설민석　다나에는 바다를 떠다니고, 철없는 아기는 울어댑니다. 이 아이가 오늘의 주인공 페르세우스Perseus예요. 혈통으로 보면, 페르세우스는 하늘의 신과 인간 여인 사이에서 영웅의 운명을 가지고 태어난 아이입니다. 지금부터 페르세우스의 대모험이 시작됩니다.

164

아크리시오스에 의해 바다로 쫓겨난 다나에와 아기 페르세우스 ◆
조르조 기시, 줄리오 로마노, 미국 메트로폴리탄미술관

얼마나 떠내려갔을까요. 저 멀리 섬이 나타납니다. 세리포스라
는 곳이에요. 한 어부가 파도에 밀려온 궤짝을 발견하고 열어보
니, 아리따운 여자와 갓난아이가 있어요. 다나에의 딱한 사정을
들은 어부는 자기 집으로 데려가 조건이나 흑심 없이, 이들과
가족을 이루고 단란하게 살아갑니다. 그런데 이 어부, 알고 봤
더니 세리포스 왕의 친동생이었어요. 형의 권력욕이 너무 강하
다 보니, 형에게 권력을 다 내주고 물고기나 잡고 살았던 거죠.
세월이 흐르고, 이들에 대한 소문이 퍼집니다. 왕은 동생이 엄
청나게 예쁜 여자와 아이를 낳고 산다는 소문을 듣고 호기심이
생겨 직접 동생을 찾아갑니다. 그리고 문을 열어주는 다나에를
보고 한눈에 반해 청혼하기에 이르러요. 그런데 뒤에서 "어머

니!" 하면서 장성한 사내가 나타나는 겁니다. 페르세우스예요. 제우스의 아들이 아주 잘 컸어요. 얼굴도 잘생겼고요.

다나에는 뜻은 감사하지만, 이미 제우스의 사랑을 입은 몸이고 장성한 아들도 있다며 왕의 청혼을 거절하죠. 페르세우스는 엄마가 이 왕을 별로 안 좋아한다는 것을 느끼고 방어합니다. 왕은 '저놈이 문제구나!' 생각해요. 저 녀석만 내치면 다나에를 자기 것으로 만들 수 있을 것 같아요.

그래서 쇼를 합니다. 자기가 이웃 나라 공주와 결혼한다면서 잔치를 연 거예요. 페르세우스에게도 초대장을 보냅니다.

교수님, 옛날 그리스에서는 결혼 잔치를 할 때 축하 선물로 말을 바쳤다면서요?

김헌   꼭 말은 아니고, 예의로 축하의 선물을 바치는 풍습이 있었죠. 말이면 굉장히 귀한 선물입니다.

설민석   잔치에 초대된 사람들은 왕에게 말도 갖다 바치고 선물도 갖다 바칩니다. 가난한 어부에게 얹혀살면서 어부로 일하는 페르세우스는 돈이 없어서 결혼 선물을 사지 못했어요. 그런데 왕이 군중 앞에 페르세우스를 소개하며 이렇게 말합니다. "여러분! 제우스의 아들 페르세우스입니다! 당신은 결혼 선물로 뭘 가지고 왔습니까?"

단꿈   "저는 준비한 것이 아무것도 없습니다." 그랬을 것 같은데요.

설민석   사실이거든요. 그런데 왕은 조롱합니다. "정말 뭐 준비한 거 없어요? 제우스 아들이 무슨 빈털터리야. 거짓말쟁이네!" 자존심이 센 페르세우스는 왕에게 제안을 하죠. "전하, 제가 돈이 없어서 말은 못 가져왔지만, 무시하지는 마세요. 다른 나라 공주와 결혼하고 더 이상 우리 어머니에게 관심 갖지 않는다면, 원하시는 거 제가 다 가져다드릴게요. 별, 달, 해? 메두사의 머리? 다 가져다드릴게요." 그러자 왕이 옳다구나 하고 말하죠. "오, 너 말 잘했다. 메두사의 머리를 가져와!"

메두사^{Medusa}는 성별은 '여자'인데요. 안구가 돌출돼 있고, 멧돼지 엄니를 갖고 있습니다. 머리카락은 다 뱀이고, 팔은 청동이에요. 몸은 용의 비늘로 덮여 있어요. 그리고 메두사의 얼굴을 본 존재는 순식간에 돌로 변합니다.

페르세우스는 그런 메두사의 머리를 가져오겠다고 호언장담해 버립니다. "해보죠! 제우스의 아들인데." 이 사실을 안 다나에가 말리지만, 페르세우스는 어머니를 지킬 수 있다면 뭐든지 할 수 있다며 결연하게 말해요. "제 아버지가 제우스 맞죠? 그러면 아버지가 날 지켜주시겠죠. 다녀올게요, 엄마."

페르세우스의 모험이 본격적으로 시작되는데요. 이 부분의 원전이 굉장히 복잡해서 제가 각색해 간추렸음을 미리 말씀드립니다.

페르세우스는 메두사가 어디 있는지, 무엇으로 싸워야 하는지도 모르고 무작정 떠납니다. 한참 길을 가는데 하늘에서 신들이 내려왔어요. 신발에 날개가 달려 있네요. 혹시 누구인지 아시겠습니까?

단꿈   신발에 날개가 달렸으면 그분이네요. 헤르메스!

설민석   또 방패와 창을 든 전쟁의 여신이자 지혜의 여신도 와요.

단꿈   아니, 아테나가 여기서 나온다고요?

설민석   "형제여!" 헤르메스와 아테나가 말합니다. 셋 다 제우스의 피를 물려받은 이복 남매들이잖아요. 페르세우스는 놀랍니다. "제가 제우스의 아들이 맞군요!"
"그렇다, 형제여. 우리 아버지가 하늘에서 다 보고 계셨지. 너를 도와주라고 하셨어."
이들은 메두사가 어디 있는지 아는 자들의 거처를 가르쳐주겠다며, 페르세우스를 데리고 갑니다. 메두사가 어디 있는지 아는 자들이 누굴까요?
메두사는 똑같이 생긴 다른 두 자매와 한집에 살아요. 메두사

에게는 또 다른 세 자매도 있는데요. 그라이아이 자매로, 태어
날 때부터 할머니였어요. 바로 이들에게 간 거예요.

메두사 자매들의 외모가 좀 남다른데요. 할머니 자매는 눈과 이
가 없어서 눈 하나, 틀니 하나를 셋이 돌려썼어요. 한 할머니가 눈
과 틀니를 쑥 빼서 옆의 할머니에게 주려는데 페르세우스가 확
빼앗으며 협박합니다. "메두사 어디 있어요? 말 안 하면 틀니하
고 눈 안 드릴 거예요. 평생 안 보고, 안 씹고 살고 싶으세요? 빨
리 말해요!" 할머니 자매는 '그래, 얘기해주자. 돌하르방이나 되
라, 이놈아!' 하고 위치를 알려줘요. "메두사는 세상의 가장자리
에 있다."

메두사의 위치를 알아낸 페르세우스에게 헤르메스와 아테나는

그라이아이에게
눈을 돌려주는 페르세우스 ◆
헨리 푸젤리, 영국 버밍엄박물관

무기를 건넵니다. 먼저 헤르메스가 "세상의 가장자리는 걸어서는 평생 못 가, 이거 받아" 하더니 날개 달린 신발을 줍니다.

아테나는 칼을 줘요. 크로노스가 우라노스의 주요 부위를 잘랐던 낫의 소재가 아다만트라는 특수 재질이었거든요. "증조부의 주요 부위를 잘랐던 낫 알지? 그것과 같은 소재로 만든 거야. 뭐든지 자를 수 있는 이 칼로 목을 베어라." 또 하데스가 티타노마키아 때 썼던 투명 투구도 건네고, 메두사의 머리는 워낙 독기가 강해 보통 가방에 담으면 온 세상이 돌이 될 거라면서 특별한 가방도 하나 줍니다. 이제 정말 떠나려는데, 끝으로 하나를 더 건넵니다. "신의 방패, 이지스를 주마."

페르세우스는 이렇게 무기들을 챙겨서 메두사를 잡으러 떠나요. 날개 달린 신발로 휙 날아가니 메두사의 집이 보입니다. 그런데 하늘에서 보니까 메두사의 집 근처는 거의 채석장 수준으로 돌이 많아요.

메두사의 얼굴을 보면 돌이 되는데, 심지어 자매들도 함께 있어요. 그렇다면 메두사의 목을 어떻게 자르는 게 좋을까요?

단꿈　일단 기습해야 하지 않을까요? 어두운 밤에 메두사가 잘 때 살금살금 다가가서요.

설민석　정답! 잘 때예요. 그런데 메두사를 쳐다보면 돌이 되잖아요. 어

페르세우스를 무장시키는 아테나와 헤르메스 • 파리스 보르도네, 미국 버밍엄미술관

떻게 할까요?

단꿈 일단 눈을 감고 더듬더듬하다가 멧돼지 엄니 같은 게 잡히면 확 공격하는 거죠!

설민석 그 방법도 좋은데요. 거울을 보면서 가면 어떨까요? 이지스 방패를 거꾸로 들어서, 그걸 거울삼아 비춰 보는 거죠. 페르세우스는 다들 잠들었을 때 방패 거울로 확인한 다음, 단칼에 메두사의 머리를 잘라 가방에 넣었어요.

중요한 건 지금부터예요. 자고 있는 다른 자매들이 깨면 큰일이니까 살그머니 가는데 푸드덕 소리가 나는 거예요.

갑작스러운 소리의 정체는 뭐였을까요? 아마 상상도 하지 못할 거예요. 글쎄 잘린 메두사의 목에서 날개 달린 하얀 말이 튀어나와 이히힝 하고 미친 듯이 뛰어다녀요. 메두사가 임신하고 있었는데, 산모가 죽으니까 배에 있던 말이 목으로 튀어나온 겁니다. 이 말이 바로 페가소스입니다.

이 소동에 깨어난 자매들이 놀라서 쫓아오니까, 페르세우스는 얼른 투명 투구를 뒤집어쓰고 날아서 도망갑니다. 그렇게 메두사의 머리를 가지고 무사히 탈출했어요.

단꿈   정말 용감하네요.

설민석   이제 왕에게 메두사의 머리를 주고, 어머니를 구하면 돼요. 페르세우스가 세리포스를 향해 바다를 건너는데, 저 멀리 바위 같은 데 조각상이 묶여 있어요. 가까이 가서 보니까 머릿결이 나부끼네요. 조각이 아니라 살아 있는 여인이었던 거예요. 이름이 뭐냐고 말을 거는데, 갑자기 심장이 뜨거워지는 겁니다. 사랑에 빠져버린 거죠.

단꿈   너무 아름다웠구나.

설민석   네, 지금까지가 액션 판타지였다면, 앞으로는 로맨틱 러브 판타지가 펼쳐집니다.

그림과 신화

메두사의 머리
페테르 파울 루벤스, 오스트리아 빈 미술사박물관

단꿈   메두사는 굉장히 유명하잖아요. 이미지도 익숙하고요.

한젬마   그만큼 메두사를 그린 사람이 많다는 거죠. 오늘 준비한 그림은 한눈에

봐도 메두사임을 알 수 있는 작품입니다.

일단 머리에 뱀들이 있는 걸 보고 메두사임을 알 수 있는데요. 전체적으

로 어둡죠. 백지장처럼 변한 얼굴 때문에 더 그렇게 보입니다.

주목할 건 동그랗게 뜬 눈이에요. 잠결에 습격당해서 놀란 거예요. 눈동

자를 보면 완전히 아래로 가 있죠. 죽음의 순간에 눈동자가 멈춰 있는 겁

니다.

단꿈   디테일하게 표현했네요.

한젬마   뱀들은 자신들의 거처이자 주인인 생명체가 죽으니까 난리가 났어요. 마구 뒤엉켜 있잖아요. '나는 벗어나야겠다. 이 죽음에서 벗어나야겠다.' 이런 완전 혼돈 상태죠. 그런가 하면 앞에는 전갈, 옆에는 거미와 도마뱀이 있는데요. 이것들은 죽음, 부패, 끔찍한 공포 같은 걸 강조해주는 거예요. 그리고 메두사의 목이 잘리며 튀는 피에서 갖가지 새로운 독사들이 태어났다고 하잖아요.

> 메두사의 머리에서 핏방울들이 흘러내렸다.
> 땅이 그 핏방울들을 받아 갖가지 뱀으로 소생시켰다.
> —오비디우스, 『변신 이야기』

루벤스가 이 이야기를 놓치지 않고, 피에서 태어나는 작은 뱀들을 꿈틀대는 모습으로 그려냈어요. 목 아래쪽, 조그만 핏방울 위로 작은 뱀들이 있죠. 목에서 머리가 쏙 나오고 있는 뱀도 있어요. 피에서 독사가 새롭게 태어나는 모습을 저렇게 세밀하게 표현했어요. 피에서 꼬물꼬물 탄생하는 모습을 그린 거예요. 죽음과 동시에 탄생이 이뤄지는 이야기를 한 그림 안에 잘 표현하고 있습니다.

단꿈   교수님, 원래 메두사는 저렇게 끔찍한 모습은 아니었다고 들었는데요.

김헌   애초에 흉측했다는 이야기가 하나, 굉장히 아름다운 여신이었다는 이야기가 하나, 이렇게 두 판본이 있습니다.

두 번째 판본을 이야기해보자면, 메두사는 바다의 신들인 포르키스와 케토의 딸이었습니다. 흔히 바다의 신이라고 하면 포세이돈을 떠올리는데, 포세이돈은 제우스가 권력을 잡으면서 바다를 관장하는 신이 된 것이고요. 그 전부터 수천의 바다를 다스리는 신들이 곳곳에 있었어요. 메두사는 너무나 아름다웠어요. 특히 머릿결이 너무 좋아서, 사람들이나 신들에게 칭찬을 많이 받았어요. 그래서 좀 으스댔죠. "내가 아테나 여신보다 적어도 머릿결은 아름다워!" 이런 식으로요.

어느 날, 바닷가에서 노는 메두사를 보고 포세이돈이 한눈에 반해버립니다. 메두사는 포세이돈을 피해 다녔는데, 결국은 포세이돈이 억지로 메두사를 붙잡아 사랑을 나눠요.

설민석   집안 내력이네요. 포세이돈이나 제우스나.

김헌   사실은 포세이돈이 제우스보다 훨씬 더 많은 여인들과 사랑을 나눴어요. 그럴 수밖에 없는 게 섬이 육지보다 많잖아요. 포세이돈의 자식들로 각 섬의 수호 여신이나 수호 영웅 같은 캐릭터를 만들다 보니까, 결국 포세이돈이 훨씬 더 많은 자손을 봤다고 할 수 있죠.

그런데 포세이돈이 메두사와 억지로 사랑을 나눈 곳이 하필 아테나 신전이었어요. 아테나 여신은 그렇지 않아도 메두사가 자신과 비교하는 것을 두고 앙심을 품고 있었는데, 이런 일까지 벌어지니까 자기 신전을 더럽혔다고 저주를 퍼부었죠.

"그래, 네 머릿결이 그렇게 아름답다고 자랑했으니 벌을 받아라!"

그래서 메두사의 머리카락이 뱀이 됐다고 합니다.

메두사
단테 가브리엘 로세티,
개인 소장

♆ 페르세우스와 안드로메다

설민석 지금 무슨 냄새 나지 않아요? 페르세우스의 심장이 타는 냄새
요. 페르세우스에게도 아버지 제우스의 '금사빠, 옷사빠' 피가
흐르고 있으니까요.

페르세우스는 묶여 있는 여인에게 다가가 어찌 된 일이냐고 물
어요. 여인은 저쪽에 보이는 육지가 에티오피아인데, 자신이 거
기 공주래요. 그런데 엄마가 본인이 예쁘다고 동네방네 자랑하
고 다니다가, "바다의 님프인 네레이데스보다 내가 더 아름다
워"라고까지 말했대요. 이 말을 들은 포세이돈이 화가 나서 바
다 괴물을 보내 에티오피아를 쑥대밭으로 만들었고요.

왕이 큰일 났다 싶어 신전에 가서 신탁을 구합니다. "신이시여,

포세이돈과 네레이데스 ◆ 프리드리히 에른스트 볼프롬, 개인 소장

어떻게 하면 저기 바다 괴물을 진정시킬 수 있겠습니까?" 그러자 공주를 제물로 바치라는 신탁이 내려옵니다. 그런 이유로 공주가 바위에 묶여 있었던 거예요. 페르세우스는 자신이 당장 사슬을 풀어주겠다고 합니다.

> 오, 그대에게 이런 사슬은 합당하지 않소.
> 서로 열렬히 사랑하는 사람들을 묶는 사슬이면 몰라도.
>
> —오비디우스, 『변신 이야기』

이 말에 공주는 눈물을 멈추더니 볼이 빨개집니다. 이름을 물어보니 안드로메다^{Andromeda}라고 해요.

페르세우스가 사슬을 풀려고 하는데, 육지에서 고함치는 소리가 들려요. 안드로메다의 아버지예요. 아버지가 가리키는 쪽을 보니까, 거대한 해마처럼 생긴 무시무시한 바다 괴물이 오는 겁니다. 만약 페르세우스라면 어떡하겠습니까?

단꿈　바다 괴물 먼저 쳐야 하지 않을까요?

설민석　페르세우스는 엉뚱한 행동을 합니다. 안드로메다한테 다시 돌아오겠다는 말을 남기고 날개 달린 신발을 신고 안드로메다의 아버지인 왕에게로 날아가는 거예요. 가서 그 앞에 무릎을 꿇고 자기소개를 합니다. 자신은 세리포스에서 온 페르세우스로, 아버지는 제우스고 엄마는 다나에며 메두사의 목을 잘랐다는 이야기까지 해요. 그리고 묻습니다. "제가 저 바다 괴물을 잡으면 따님을 제게 주시겠습니까?"

한젬마 당연히 좋죠. 살려만 준다면 뭘 못 주겠어요.

설민석 그래요. "내 딸이 문제가 아니라 내 왕관까지 벗어줄게. 어서 구해봐!" 대답을 듣고 페르세우스는 날아가 바다 괴물과 사투를 벌입니다. 그런데 바다 괴물은 조개껍데기로 등이 덮여 있어서 어떤 공격에도 꿈쩍하지 않습니다. 한참 싸우다 아테나가 준 칼로 옆구리를 파바바박 찔러댔더니, 드디어 바다 괴물이 빨간 피를 토하며 쓰러집니다.

페르세우스도 지쳐 숨을 돌리느라 가방을 살짝 내려놓습니다. 그런데 가방 입구가 살짝 벌어져 메두사 머리가 조금 나온 거예요. 그때 파도에 쓸려온 해초가 메두사의 머리에 닿았고, 순식간에 돌이 돼버려요. 바다의 님프들이 그 모습을 보더니 재밌어하며 해초들을 계속 가져와서 메두사 머리에 대보는 거예요. 계속 돌이 됐죠. 이것이 붉은 산호초예요. 그리고 괴물이 피를 토하면서 죽는 바람에 바닷물이 시뻘개졌거든요. 그래서 에티오피아 북동부에 있는 바다, 그러니까 홍해가 붉은색인 겁니다.

자, 기운을 차린 페르세우스가 드디어 공주에게 와요. 조심스럽게 사슬을 푸는데, 둘 사이에 사랑의 스파크가 튑니다.

한젬마   어후, 얼마나 설렐까.

설민석   이들은 에티오피아 백성들의 축복을 받으며 맺어져요. 마지막으로 혼인 서약을 해야 하는데, 그때 "반대요!" 하면서 누군가 나타납니다. 공주의 약혼자이자, 작은아버지였는데요. 공주가 제물로 바쳐지는 순간에도 보고만 있었죠. 왕이 화를 버럭 냅니다. "여기가 어디라고 나타나? 네가 내 딸을 지키기 위해서 뭘 했어. 당장 꺼져!" 그랬더니 "뭐야? 꺼지라니! 얘들아!" 하고 약혼자가 누군가를 부르는데, 금팔찌에 금목걸이를 두른, 귀족인지 건달인지 모를 패거리가 나타나서 행패를 부리는 겁니다.

> ……그는 황금 띠로 테를 두른 튀루스산 짧은 외투를 입고 있었다.
> 금박을 입힌 목걸이가 목을 돋보이게 했고
> 굽은 머리 장식은 몰약에 젖은 머리카락을 꾸몄다.
>
> —오비디우스, 『변신 이야기』

"연주는 신 앞에 가서 해!"라면서 악사들을 죽이고, "너, 신 좋아하지? 좋아하는 신 곁으로 가!"라면서 축복해주러 온 사제들

을 죽여요. 하객들을 마구 죽이며 난장판을 치는 패거리를 호위
병들이 막아서면서 싸움이 납니다.

우리의 용사 페르세우스도 칼을 꺼내 들고, 안드로메다를 안전
하게 피신시킨 뒤 놈들과 맞서 싸우지만 역부족입니다. 결혼식
에 다른 무기를 갖고 오지는 않았거든요. 방패도 없고, 투구도
없고, 아무것도 없어요. 그러다 문득 정신을 차리고 봤더니 왕,
왕비, 공주 빼고 호위병부터 하객까지 다 죽었어요.

그런데 페르세우스에게는 비장의 카드가 있었어요.

단꿈　어? 그거는 가지고 왔어요?

설민석 이건 함부로 어디 둘 수 없었거든요. 누가 열어봤다가 돌로 변할 수 있으니까, 몸에 차고 있었던 거예요. 페르세우스는 "내 사랑하는 아내, 장인어른, 장모님, 눈을 감고 머리를 숙이세요!" 하고 외치고 메두사의 머리를 꺼내 듭니다.

싸움을 한 방에 끝냈어요. 그런데 전 약혼자 있죠? 원전에 보면 제단 뒤 기둥에 숨어 있었대요. 다들 돌이 된 뒤 혼자 살아서 엉금엉금 기어 나왔다는 얘기가 있어요.

> 피네우스는 제단 뒤로 갔다.
> ……피네우스는 감히 적의 가까이에서 맞부딪히지 못하고,
> 창을 던졌다.
>
> ―오비디우스, 『변신 이야기』

약혼자가 말하기를 자기가 이 결혼식을 반대하는 건 다른 마음이 있어서가 아니라, 안드로메다를 진심으로 사랑하기 때문이라는 거예요. 결혼을 양보할 테니 대신 목숨만 살려달라 애걸하죠. 그때 페르세우스가 메두사의 머리를 들이대 그자도 돌이 되고 맙니다.

⊤ 영웅 페르세우스의 대서사시

설민석 말도 많고 탈도 많은 결혼식이 끝났습니다. 아까 왕이 뭐라고 그 랬죠? 딸도 주고 자신의 왕관도 주겠다고 약속했죠. 여러분이라 면 왕관을 받습니까, 안 받습니까?

단꿈 저는 받을 것 같은데, 페르세우스는 안 받을 것 같습니다.

설민석 네, 페르세우스는 왕에게 세리포스로 돌아가던 도중에 이런 일 에 휘말린 거라고 말합니다. 왕관은 필요 없고 자신은 공주와 세리포스로 돌아가 어머니께 인사드리고 가정을 꾸리고 싶다고 하지요.
그렇게 세리포스로 날아갔는데요. "어머니, 저 왔어요. 저 장가 갔어요." 인사하려는데, 집은 거의 폐허가 됐고 사람도 아무도 없어요.
마을 사람들이 말해주기를 페르세우스가 떠나자마자 왕이 엄 마를 강제로 데려가려 해서 어부 삼촌과 엄마가 제우스 신전에 숨었다는 거예요.
"내 이럴 줄 알았어." 페르세우스는 왕을 찾아갑니다. 왕이 깜 짝 놀라 소리치죠. "너 안 죽고 어떻게 살아 돌아왔어?" 페르세 우스가 메두사의 머리를 가져왔다고 했지만 믿지 않아요. 돌이 되지 않고 어떻게 가져올 수 있느냐며 말도 안 된다고 하죠. 그러자 페르세우스가 메두사의 머리를 보여줍니다. 왕은 그대로 돌이 됐죠.

세리포스 왕의 왕관도 자연스럽게 페르세우스한테 갈 수 있잖아요. 그런데 페르세우스는 이렇게 이야기합니다. "왕이 죽었으면 그 동생한테 왕관이 가야 되는 거 아닙니까? 궤짝에 넣어 버려진 우리를 거둬주고, 어머니를 신전으로 피신시켜 끝까지 지켜준 우리 어부 삼촌, 이분이 왕관을 써야 됩니다." 그래서 어부 삼촌이 왕이 됩니다.

엄마 다나에와 부인 안드로메다, 그리고 페르세우스, 세 사람의 가정이 꾸려졌어요. 그런데 엄마가 눈물을 흘립니다. 왜 우냐고 했더니 자신의 아버지가 생각난대요. "너희 할아버지는 네가 당신을 죽일 거라고, 당신 권력을 탐할 거라고 오해해서 우리를 궤짝에 넣어 띄워 보낸 거잖아. 너는 권력에 욕심이 없다는 걸 좀 알려드리고 싶구나." 그래서 이들은 다나에의 아버지, 그러니까 페르세우스의 외할아버지를 찾아가기로 합니다.

그 전에 메두사를 잡을 때 쓴 무기는 반납해요. 헤르메스한테 신발과 가방을 돌려주고, 아테나한테 칼과 방패, 메두사의 머리까지 줍니다. 그때부터 아테나가 방패에 메두사의 머리를 달고 다니면서, 이것이 그녀의 상징이 됐습니다.

페르세우스 부부와 다나에는 떠나온 고향 아르고스로 돌아갑니다. 그런데 왕은 자리에 없고 왕관만 있어요. 알고 보니 왕이 계속 소문을 들었던 거예요. '내가 버린 그 외손자가 장성해서 메두사의 머리를? 그리고 바다 괴물까지? 세상에! 무서운 아이로 성장해서 나를 찾아온다고? 나를 죽이러 오는구나.' 이런 생각에 도망간 거예요. 이렇게 왕좌가 또 비었어요. 자, 이번에는 어떻게 하실래요?

단꿈   이번 경우에는 저 같아도 왕관을 쓸 것 같고, 페르세우스도 쓸 것 같은데요.

설민석   생각해보세요. 정말 페르세우스가 이 왕관을 썼다 칩시다. 그러면 신탁이 이루어진 거잖아요. 페르세우스는 이렇게 생각하지 않았을까 싶어요. '할아버지가 살아 계신데 이걸 내가 어떻게 써. 할아버지를 찾아서 씌워드릴래. 신탁 따위는 내가 극복할수 있어.' 그래서 왕좌를 비워두고, 페르세우스 일가는 아르고스에서 자리를 잡습니다.

어느 날, 이웃 나라에서 제전이 벌어져요. 비유하자면 올림픽 같은 체육 제전인데, 페르세우스한테 초대장이 와요. 당시 그리스 최고의 스타니까 자리를 빛내달라는 거였죠. 페르세우스는 원반던지기 선수 자격으로 참가하기로 합니다.

다나에와 안드로메다가 구경하는 가운데 페르세우스가 선수석에 섭니다. 페르세우스는 제우스의 아들이잖아요. 게다가 메두사와 바다 괴물을 상대하며 내공이 엄청나게 쌓였고요. 페르세우스가 힘차게 원반을 던지자, 원반은 일직선으로 빠르게 날아갑니다. 그러다 하필이면 관객석으로 가서 관객의 얼굴을 정통으로 가격해버린 거예요.

너무 놀라서 페르세우스와 안드로메다, 다나에까지 달려갔죠. 원반에 맞아 피투성이가 된 관객은 실려 오고요. "괜찮으세요?" 하고 들여다보는데, 다나에가 소리칩니다. "아버지!"

단꿈 으악!!

설민석 피투성이 관객은 다름 아닌 다나에의 아버지, 페르세우스의 외할아버지인 아크리시오스였던 거예요. 그냥 경기를 구경하러 왔던 건지, 아니면 손자가 무서워서 숨어 보고 있었는지 모르겠지만, 확실한 건 신탁이 들어맞았다는 겁니다. 결국 그는 신탁대로 외손자의 손에 죽었어요.

충격을 받은 페르세우스는 작은 옆 나라 티린스에 가서 조용히 살고 싶다고 합니다. 티린스의 왕은 아크리시오스에게 내쫓긴 쌍둥이 동생이었거든요. 페르세우스는 아르고스의 왕좌를 작은 할아버지한테 드리고 요새 같은 조그만 곳에서 행복하게 살았다고 해요.

그런데 페르세우스가 살던 작은 요새가 점점 커져 티린스까지 합병하면서 우리가 교과서에서 배운 미케네가 됐다고 합니다. 이 거대한 문명을 둘러싼 미케네 성벽이 유네스코 세계문화유산으로 지정돼 있죠.

저는 그리스 로마 신화를 전문적으로 공부한 사람이 아니고, 일반인으로서 여러 원전을 읽고 이야기를 들려드리고 있는데요. 그리스 로마 신화를 읽다 보면 권력에 집착한 사람과 권력을 내려놓은 사람의 끝이 너무 다르다는 생각이 들어요. 우리가 가질 힘, 혹은 가진 힘을 과연 어디에 쏟아야 할 것인가 하는 질문도 스스로에게 하게 되고요. 페르세우스의 경우 자기가 가진 힘을 권력을 얻는 데 쏟기보다 사랑하는 사람들을 위해 썼잖아요. 그래서 여러 고난을 겪긴 했지만 결국 행복한 결말을 맞은 게 아닌가 싶은 거죠. 비우면 비로소 채워지고, 내려놓으면 비로소 올라간다는 말이 가슴 깊이 와닿는 페르세우스의 대서사시였습니다.

그림과 신화

페르세우스에 의해 구출되는 안드로메다
피에로 디코시모, 이탈리아 우피치미술관

단꿈   페르세우스, 안드로메다, 페가소스 다 별자리로 친숙한 이름들인데, 그리
스 로마 신화 속 존재들이었네요. 너무 신기해요.

김헌   별자리 중에는 카시오페이아도 있는데, 미모 자랑을 심하게 하던 안드로
메다의 엄마가 카시오페이아예요. 별자리가 된다는 건 거의 신적인 영광
을 누린다는 건데, 카시오페이아가 별자리가 된 건 페르세우스 덕이라고
볼 수 있죠.

단꿈   이렇게 유명한 안드로메다와 페르세우스 커플의 그림도 남겨져 있나요?

한젬마   <페르세우스에 의해 구출되는 안드로메다>라는 그림인데요. 페르세우스가 누구인지 바로 알겠죠. 그런데 페르세우스가 여러 명이에요. 날개 달린 신발을 신고 하늘을 날아가는 페르세우스, 바다 괴물을 해치우는 페르세우스, 고난을 이겨내고 행복해하는 페르세우스가 보이네요. 이 그림은 페르세우스의 모험을 하나의 그림에 담은 거예요. 그림의 곳곳을 살펴볼까요?

오른쪽에는 바위에 묶여 있는 안드로메다가 있습니다. 페르세우스가 해치운 메두사의 머리가 보이지는 않지만, 붉은 산호초를 그려서 이야기 속 메두사를 표현했어요. 왼쪽 아래의 파란 망토에 흰 두건을 한 사람은 안드로메다의 아버지인 왕이고, 바닥에 엎드려 흰 베일로 얼굴을 감추고 울고 있는 사람은 왕비, 그리고 왕 옆에 붉은 옷을 입은 사람은 약혼자로 보이네요.

오른쪽을 볼까요? 이제 모든 상황이 종료된 시점입니다. 페르세우스를 중심으로 기뻐하는 사람들의 모습이 보이죠? 승리를 상징하는 월계수 잎을 흔드는 사람들을 주변에 배치해 해피엔딩을 표현하고 있어요. 페르세우스의 모험을 멋지게 담아낸 그림입니다. 그럼 페르세우스와 안드로메다를 다룬 또 다른 그림도 함께 볼까요?

한젬마 <페르세우스와 안드로메다>라는 작품은 바다 괴물을 물리치고 안드로 메다의 사슬을 풀어주는 페르세우스를 그렸어요. 안드로메다의 포즈가 굉장히 요염합니다. 사랑에 빠질 준비가 돼 있다는 걸 나타낸 거겠죠? 안 드로메다 다리 아래에 방패 보이시나요? 아테나가 페르세우스에게 준 방 패죠. 그 옆의 말은 페가소스인 것 같고요. 같은 주제를 표현한 그림인데 도 작가에 따라 분위기가 많이 다릅니다.

페르세우스와 안드로메다
조르조 바사리,
이탈리아 베키오궁전

♊ 반신반인, 영웅의 의미

단꿈 교수님, 페르세우스는 반신반인이잖아요? 신이 아닌 반신반인
이 영웅이 된 것에 어떤 의미가 있을까요?

김헌 신들이 인간을 '만드는' 차원에서 끝나는 게 아니라, 인간에 대
해 이성으로서 매력을 느끼기 시작한 것이라고 볼 수 있어요.
처음에 제우스나 포세이돈이 시작하고 나중에는 여신들도 인간
과 사랑을 나누고 자식을 낳죠. 그렇게 태어난 종족을 '영웅 종
족'이라고 해요. 부모 중 하나가 신이고, 하나가 인간인 거예요.
그러다 보니 영웅에겐 신적인 속성과 인간적인 속성이 공존해
요. 영원불멸하고픈 신적인 열망이 있지만, 인간의 피가 흐르기
때문에 언젠가 죽어요. 신적인 열망과 능력을 가지고 보통 인간
이 할 수 없는 어떤 일을 해내려고 노력하다가 한계에 부딪혀 파
멸하는 것, 이것이 전형적인 영웅입니다.
페르세우스는 그 전형에서 벗어난 완벽한 영웅이에요. 페르세
우스 이야기만 보면 '영웅은 다 이런가 보다' 하고 생각할 수 있
는데, 실제로는 영웅 종족으로 태어났으면서 못난 인물도 많아
요. 그런데 인간은 실수할 수 있잖아요. 실수하더라도 그 실수
를 끌어안고 책임을 다하는 모습을 페르세우스라는 영웅상에
집어넣은 것이 아닌가 싶어요. 실수에 집착하지 않고, 만회하고

책임지려는 모습, 그것이 진정한 영웅의 자세라고 생각됩니다. 영웅의 개념을 가치관적으로 이해하려고 하지 말고 생물학적으로 이해하면, 우리 인간과 똑같은 조건으로 시작한다는 것을 알 수 있어요.

✸ 그리스 로마 신화를 읽다 보면 권력에 집착한 사람과 권력을 내려놓은 사람의 끝이 너무 다르다는 생각이 들어요. 우리가 가질 힘, 혹은 가진 힘을 과연 어디에 쏟아야 할 것인가 하는 질문도 스스로에게 하게 되고요. 페르세우스의 경우 자기가 가진 힘을 권력을 얻는 데 쏟기보다 사랑하는 사람들을 위해 썼잖아요. 그래서 여러 고난을 겪긴 했지만 결국 행복한 결말을 맞은 게 아닌가 싶은 거죠. 비우면 비로소 채워지고, 내려놓으면 비로소 올라간다는 말이 가슴 깊이 와닿는 페르세우스의 대서사시였습니다.

'신'을 넘는 녀석들

⚡

아라크네의 감탄스러운 작품을 보기 위해
님프들은 종종 자신들의 티몰루스산에 있는 포도원을 떠났고,
팍톨루스의 님프들은 자신들의 물을 떠났다.

—오비디우스, 『변신 이야기』

'신'을 넘는 녀석들

🏛 환대받은 손님

설민석 이번 이야기의 주인공은 신도 아니고, 님프도, 영웅도 아닌 바로 인간입니다. 바로 우리의 이야기죠. 인간계를 뛰어넘는 재능이 있는 한 인간이 신에게 엄청난 도전을 합니다. 이것은 무모한 도전일까요? 아니면 꿈을 현실로 이루려는 무한 도전일까요?

코린토스Korinthos라는 왕국에 왕자가 있었습니다. 포세이돈의 아들이라고도 하고, 인간인 왕의 아들이라고도 하는데, 저는 왕의 아들이라는 원전을 따라가겠습니다. 왕자는 페가소스를 타고 다니는 페르세우스처럼 되고 싶어 했어요. 이름도 힙포노오스Hipponous로, '말을 잘 타는 자'라는 뜻이에요. 하지만 인간의 아들인 왕자가 제우스의 아들인 페르세우스를 감히 따라갈 수 있나요. 혈통에서 일단 안 돼요.

왕자는 위대한 능력과 명성을 갈망하며 성장합니다. 그러다 불운이 찾아와요. 실수로 사람을 죽이는데, 그것도 당시 그리스에서 절대적인 통치자인 참주였던 거예요. 이때부터 왕자는 벨레로폰테스Bellerophontes라고 불립니다. 왕자가 죽인 참주의 이름이 '벨레로스'였고, 그리스어로 살인자라는 단어가 '폰테스'여서, 이 둘을 합쳐 '벨레로스를 죽인 살인자'라는 의미죠.

단꿈 주홍글씨처럼 이름에 낙인을 찍은 거네요.

설민석 그렇죠. 우리 이야기에서는 좀 줄여서 벨레로폰이라고 부르겠습니다. 당시 그리스 풍습에 따르면, 사람을 죽인 자는 나라 밖으로 추방했는데요. 이웃 나라 왕이 추방당한 자를 받아주고, 추방당한 자는 왕이 요구하는 바를 수행하면 그 죄를 사해줬던 모양이에요.

벨레로폰도 이웃 나라로 갑니다. 이웃 나라 왕은 오히려 그를 위로하며 받아주고, 성대하게 만찬도 차려줘요. 왕비도 너무 친절합니다. 그런데 만찬 내내 왕비가 그에게 좀 야릇한 눈빛을 보내는 거예요. 벨레로폰이 잘생겼거든요.

벨레로폰은 식은땀만 흘리다가 "전하, 죄송한데 먼저 들어가보겠습니다" 하고 방으로 들어와버렸어요. 그런데 잠시 후 문 두드리는 소리가 나서 가보니, 왕비가 와인 한 병을 들어 보이면서 "술 한잔 더 할래요?" 하고 물어봐요.

극진한 대접을 받는데 왕비가 와서 술 한잔 더 하자고 하면, 여러분은 어떻게 하시겠어요?

단꿈 그 나라 법도에 따라야겠죠. 거절하면 예의가 아닐 수도 있으니까 한잔해야 하지 않을까요?

설민석 어허! 옛말에 오이밭에서 신발 끈도 묶지 말고 오얏나무 밑에서 갓도 고쳐 쓰지 말라 했잖아요. 벨레로폰은 오해받을 상황을 만들지 않습니다. "죄송합니다. 제가 이미 많이 취한 것 같습니다." 왕비가 재차 권하는데도 일찍 자겠다면서 문을 딱 닫아버렸어요. 왕비 기분이 어땠을까요?

한젬마 굉장히 자존심 상했을 것 같은데요. 조금 심하면 화도 날 수 있겠죠. 어딜 감히!

설민석 무시당한 게 수치스럽기도 하고요. 왕비는 분노해서 남편을 찾아갑니다. 그러고는 벨레로폰이 자신을 유혹하고 희롱했다며 누명을 씌웁니다.

프로이토스여, 당신이 죽든지 벨레로폰테스를 죽이든지 하세요.
그는 제가 원하지도 않았건만 사랑으로 잠자리하길 원했어요.

—호메로스, 『일리아스』

설민석 왕이 얼마나 화가 났겠어요. 그런데 죽일 수는 없어요. 왜냐하
면 손님을 박대하면 안 된다는 그리스 풍습이 있었거든요.

단꿈 교수님, 이런 풍습이 생긴 특별한 이유가 있나요?

김헌 예전에는 마을과 마을이 멀리 떨어져 있었어요. 먼 길을 가려면
중간에 다른 마을에서 묵어야 하는데 숙박 시설이 제대로 갖춰
져 있지 않으니까, 서로 배려한 거죠. 나도 언제든 신세 질 수 있

필레몬과 바우키스 집에 들른 제우스와 헤르메스 ◆
필립 기셀러, 오스트리아 빈 미술사박물관

으니 손님이 오면 잘 대접하자는 관습이 만들어진 것 같아요.

> ◆크세니아(Xenia)
> → 고대 그리스의 환대 문화. 손님을 제대로 대접하지 않으면 신
>   이 분노한다고 믿었다.

이때 '저 사람이 누구인 줄 알고 들여!' 하고 의심한다면 관습이 정착되기 힘들겠죠. 그래서 손님이 신일 수도 있다는 이야기를 만들어낸 거예요. 특히 제우스가 그런 일을 한다고 생각했어요. 제우스 별명 중에 '크세니오스 제우스'가 있어요. '손님을 잘 영접해주는 제우스'라는 뜻이죠. 손님을 거절하거나 배척하는 것은 제우스를 모욕하는 것과 마찬가지예요. 그래서 왕도 손님인 벨레로폰을 함부로 대하지 못해요. 설령 손님이 무례하게 굴더라도 '사실은 신께서 나를 시험하려는 것일 수 있어'라고 생각하며 박대하지 않죠.

설민석 관습 때문에 이러지도 저러지도 못하던 왕은 장인어른인 리키아의 왕에게 편지를 씁니다. "이 편지를 가져가는 놈이 당신의 딸이자 나의 아내를 강제로 희롱했습니다. 이 편지를 읽는 즉시 그를 죽여주시옵소서." 왕은 장인이 벨레로폰을 손님으로 받기

전에 그의 목숨을 끊어주길 바랐던 거예요. 그러고는 벨레로폰에게 편지를 전해달라고 부탁하죠.

벨레로폰은 왕의 부탁을 받고, 산 넘고 물 건너 리키아로 가서 왕을 만납니다. 자신을 맞아주는 리키아의 왕에게 편지를 가지고 왔다며 건네요. 그런데 왕은 편지는 읽지도 않고 대접부터 합니다. 밥과 술을 대접하고 함께 즐기며 아흐레를 보내요. 열흘째가 됐을 때 왕이 드디어 편지를 읽습니다. 그런데 세상에! 벨레로폰이 자기 딸을 희롱했대요. 이놈을 죽여야 하는데, 큰일 났어요. 손님으로 맞아 벌써 아흐레나 VIP로 대접했으니, 죽일 수가 없어요.

단꿈   앞과 똑같은 상황이 벌어진 거네요.

⊤ 신이 되고 싶었던 인간

설민석   딸을 희롱한 놈이라는데, 이미 손님으로 맞았으니 죽일 수도 없고 이걸 어떡하나 싶어 수심에 찬 왕에게 벨레로폰이 무슨 걱정이 있느냐고 묻습니다. 왕이 대답하기를 "우리나라에 괴물이 한 마리 산다네. 사자의 얼굴을 하고 있지. 앞발 발톱이 얼마나 날카로운지 몰라. 게다가 몸통은 염소고, 더 무서운 건 꼬리가 뱀

일세!" 벨레로폰이 대체 그 괴물의 이름이 뭐냐고 물어보자, 왕이 기다렸다는 듯 말해주죠. "들어는 봤는가? 키메라^Chimera일세. 키마이라라고도 부르지. 이 무시무시한 괴물만 생각하면 잠이 오지 않아. 누가 괴물 좀 잡아줬으면."

왕의 이야기를 듣고 벨레로폰이 가만히 있겠어요? 어릴 때 꿈이 페르세우스였잖아요. 페르세우스는 원래 궤짝에 담겨 둥둥 떠다니던 난민이었어요. 그런데 메두사의 머리를 가져오고 바다괴물의 목을 치면서 한 단계씩 성장해 영웅이 됐죠. 벨레로폰은 자신이 드디어 페르세우스가 될 수 있겠다고 생각합니다. 위기가 아니라 기회라고 받아들인 거예요. "제가 키메라를 죽이겠습니다!"

단꿈   아니, 뭘 가지고 싸우려고요? 페르세우스처럼 좋은 무기도 없는데요.

설민석   그래서 벨레로폰은 예언자를 찾아가 어떻게 하면 키메라를 물리칠 수 있는지, 또 누구의 도움을 받아야 하는지 물어봐요. 예언자는 아테나 신전에 가서 잠을 자라고 답해주죠. 벨레로폰은 그 말에 따라 아테나 신전 제단 앞에서 기도하다 잠이 듭니다. 그러자 아테나가 창과 방패를 들고 나타나는 게 아닙니까. "누가 나를 찾아왔는고!" 벨레로폰은 자신이 키메라를 잡을 방법

헤르메스의 도움으로 페가소스를 길들이는 아테나 ◆
얀 뵈크호르스트, 네덜란드 노르트브라반트박물관

을 구하러 왔다고 말해요. 아테나는 장수에게는 말이 필요하다면서 말은 탈 줄 아느냐고 묻죠. 그러고는 "내 동생이 메두사의 목을 잘랐지. 거기에서 튀어나온 페가소스를 내가 잡아서 예술의 여신들한테 잘 길들이게 했어. 그 페가소스를 너에게 빌려주겠다!"

페가소스를 빌려준다니요. 어릴 때부터 그토록 염원해온 페가소스를 탈 수 있다는 거잖아요.

아테나는 페가소스가 벨레로폰의 고향 코린토스의 페이레네 샘에 있다고 가르쳐줘요. "거기 가면 날개 달린 하얀 말이 물을 마시고 있을 거야. 내가 황금 고삐를 줄 테니, 이 고삐로 페가소스를 길들여 키메라와 싸워라!"

그러고 나서 벨레로폰이 잠에서 깨요. 별 꿈을 다 꿨다고 생각하는데, 옆에 진짜 황금 고삐가 놓여 있는 겁니다.

단꿈   아, 꿈이 아니었구나! 너무 좋았겠어요. 얼마나 설렜을까요.

설민석   벨레로폰은 신이 나서 황금 고삐를 들고 떠났어요. 이윽고 저 멀리 페이레네 샘이 보이고, 날개를 접고 물을 마시는 백마가 보여요. 심장이 터질 것 같아요. 마치 페르세우스가 된 것 같은 흥분을 감출 수 없는 거예요. 하지만 침착하게 마음을 가다듬죠. "아니야, 이럴수록 흥분을 가라앉히고 용기를 내자, 페르세우스처럼." 벨레로폰은 아테나에게 받은 황금 고삐를 조심스럽게 던져 말에게 감았어요. 그랬더니 거짓말처럼 재갈이 물리면서 페가소스가 무릎을 꿇지 뭐예요. 벨레로폰은 고삐를 잡고 그토록 염원하던 페가소스에 올라탑니다.

그리스 코린토스에 있는
현재 페이레네 샘의 모습

벨레로폰, 페가소스, 아테나 ◆ 작자 미상, 이탈리아 폼페이 벽화

말은 준비됐으니, 이제 무기를 준비할 차례예요. 장수에게 필수인 활을 챙기고, 원거리 전투뿐만 아니라 근접전에도 쓸 수 있는 창도 골랐어요. 철로 만든 창도 있고 금, 은, 동, 납으로 만든 창들도 있는데, 과연 어떤 창을 골랐을까요?

단꿈　저라면 금을 고를 텐데, 벨레로폰은 어쩐지 납을 골랐을 것 같아요.

설민석　네, 벨레로폰은 납을 골랐습니다. 활을 메고 창을 뒤에 꽂고, 그렇게 원하던 페가소스를 타고 결전을 치르러 떠나요. 날개를 휘날리며 달리는 페가소스에 올라탄 벨레로폰은 의기양양합니다. 드디어 괴물 키메라와 전투를 벌이는데, 만만치 않아요. 화살을 쏘아대도 키메라는 유연하게 잘도 피합니다. 결국 화살이 동나 버려요. 괴물은 이빨을 드러내고 불까지 뿜는데 말이죠.

한젬마　어떡해요. 정신이 하나도 없겠네요.

설민석　활로는 안 되겠어요. 이제 납으로 된 창을 꺼내 겨눕니다. 키메라가 불을 뿜기 전 산소를 빨아들이려 아가리를 쩍 벌리는 순간, 벨레로폰이 납으로 된 창을 던져 꽂아버렸어요. 그러자 키메라의 입 안쪽에서 불이 나오다 기도에서 콱 막혔죠. 그 열기에 납으로 된 창이 녹으면서 식도를 따라 위장으로 흘러들었고, 키메라는 더 버티지 못하고 죽었답니다.

키메라와 싸우는 벨레로폰 ◆
베르나르 피카르,
미국 뉴욕공립도서관

여러분, 벨레로폰이 키메라를 물리치고 돌아오자, 왕이 어땠겠어요?

단꿈 당황스러웠겠죠. 키메라를 진짜 잡으라고 보낸 게 아니라, 벨레로폰을 죽이고 싶었던 거잖아요.

설민석 그러니까요. 엄청 놀라죠. 경악했어요. 하지만 다르게 생각하면 왕국의 골칫거리를 없애준 거잖아요? 이걸 어떻게 해야 하나 고민하던 왕은 또 슬쩍 이야기합니다. "우리나라를 노리는 솔리모이 부족을 누가 좀 정벌해주면 좋으련만."

벨레로폰이 공명심이 있잖아요. 키메라도 잡았겠다, 이번에도 자기가 처리하겠다고 하고, 실제로 솔리모이 부족을 싹 물리치고 돌아와요. 왕은 또다시 그에게 아마조네스 부족도 물리쳐달라고 해요. 벨레로폰은 곧바로 페가소스를 타고 날아갑니다.

왕은 벨레로폰이 아마조네스까지 이기면 더 이상 감당하지 못할 위협적인 인물이 될 것이라며 두려워하죠. 그래서 그가 떠나 있는 사이에 리키아 최고의 강철 부대를 모집합니다. "너희가 매복하고 있다가 벨레로폰이 지쳐 돌아올 때 물같이 침투해서 불같이 타격하고 바람처럼 퇴출해라!" 명령을 내려요.

실전의 최강자 벨레로폰은 이번에도 아마조네스를 물리치고 돌아오고 있었죠. 이때 문득 살기를 느끼고 외칩니다. "누구냐?

나와라!" 매복한 전사들이 나와 공격했지만 그의 앞에서는 오합
지졸일 뿐이었어요. 벨레로폰은 이들까지 간단히 처리합니다.

하지만 그들은 다시는 집으로 가지 못했소.
고귀한 벨레로폰테스가 그들 모두를 죽였으니까.

— 호메로스, 『일리아스』

설민석 리키아 왕은 벨레로폰은 자신의 상대가 될 수 없음을 깨닫고 그
의 능력을 인정하죠. 그리고 사위가 보냈던 편지를 보여주며 사
실을 털어놓습니다. 벨레로폰은 깜짝 놀라, 왕비의 유혹을 거절
했다가 억울하게 누명을 쓴 것이라고 진짜 사연을 이야기해요.
자초지종을 다 들은 왕은 그런 사정도 모르고 사지로 몰아넣었
던 것을 사죄합니다. "키메라, 솔리모이, 아마조네스까지 전부
정벌해준 자네야말로 인간의 피가 흐르지만 페르세우스 이상의
영웅이라고 생각하네. 사과의 뜻으로 내 다른 딸과 결혼시키고,
왕관을 주겠네. 이 나라의 왕이 되어주게."
벨레로폰은 어떤 생각을 할까요? '이렇게 꿈이 이루어지는구나.
위기가 닥쳤지만, 위기를 기회로 바꿔서 극복하니 페르세우스
가 되고 싶었던 어릴 적 꿈이 이루어지는구나'라고 깨닫고 왕의
딸과 결혼해 행복하게 살았습니다. ……이러면 〈신들의 사생활〉
이 아니겠죠?

진짜 이야기는 지금부터입니다. 벨레로폰은 생각합니다. '내가 진짜 인간의 혈통이 맞나? 인간이 어떻게 괴물을 잡아? 어떻게 페가소스를 타? 나는 인간이 아니야!'

단꿈 착각하기 시작하는군요. 아이고, 불안하네요.

설민석 "나 신이야, 신이라니까! 가만있어봐. 신이면 올림포스에 가야지. 페가소스야, 우리 올림포스로 가자." 벨레로폰은 페가소스를 타고 한도 끝도 없이 하늘로 올라갑니다.

하늘에서 지켜보고 있던 제우스는 "인간들은 이게 문제야. 꿈도 이뤘고 권력도 사랑도 가졌잖아. 그런데 왜 만족을 못 하지?

제우스와 벨레로폰 • 작자 미상, 스웨덴 국립미술관

그래서 너희가 인간인 거야. 여기가 어디라고 넘어와!" 하면서 벨레로폰을 빵 쳐버립니다. 뭘로 칠까요?

단꿈   제우스의 상징인 번개겠죠?

설민석   번개요? 고작 이런 아이를 치는 데 번개를요? 아니요. 파리 한 마리를 보내요. 정확히는 등에라고 해서, 벌같이 생긴 파리과 곤충이에요. 웨에에엥 날아간 등에 한 마리가 페가소스 뒷목을 톡 물어요. 그러자 페가소스가 히힝 울며 몸부림쳤고, 벨레로폰은 말에서 떨어져 땅으로 추락합니다. 복숭아뼈부터 정강이뼈, 허벅지뼈까지 모든 뼈가 산산조각이 나죠. 게다가 하필이면 가시덩굴로 떨어져서 두 눈이 가시에 깊숙이 찔립니다.
가련한 벨레로폰은 앞도 보이지 않는 채로 불편한 다리를 이끌고 엉금엉금 기어 이리저리 떠돌아 구걸하며 평생을 비참하게 살다 죽어요. 지금까지 신이 되고자 했던 한 인간의 이야기였습니다.

> 하지만 벨레로폰테스조차…… 모든 신에게 미움을 받게 되자,
> 홀로 알레이온 평원을 떠돌아다녔소.
>
> ─호메로스,『일리아스』

ⓘ 분수를 지켜라? 한계를 넘어라?

단꿈 벨레로폰은 신에게 도전해서 참혹한 결말을 맞잖아요. 그런데 신에게 도전한다는 게 얼마나 큰 의미인가요?

김헌 벨레로폰의 롤모델이 페르세우스였잖아요. 둘을 비교했을 때 결정적인 차이점이 무엇인 것 같습니까?

한젬마 페르세우스는 왕좌에 앉을 기회가 와도 겸손하게 거절했어요.

김헌 그렇죠. 마지막이 완전히 달랐어요. 페르세우스는 위기 상황을 극복한 뒤, 보상을 전혀 바라지 않았어요. 벨레로폰도 여기까지는 같아요. 그런데 여러 난관을 극복한 뒤에 "왕을 시켜줄게" 하니까, 이때부터는 당연하다고 생각한 거죠. 이 정도 했으면 신의 반열에 올라갈 자격이 있다고 여긴 거예요.
이런 생각을 그리스에서는 윤리학적으로 개념화해서, 휘브리스 Hybris라고 표현해요. 오만이라는 뜻이죠. 누가 자신에게 주어진 몫을 넘어설 때 "저 사람 분수를 넘는데? 선을 넘는데?" 할 때 "저 사람, 휘브리스를 범한다" 이렇게 말해요.
그리스어의 휘브리스, 모이라Moira, 네메시스Nemesis, 이 세 단어를 연결하는 문장이 있어요. 모이라는 자신에게 주어진 몫, 주

212

어진 한계를 말해요. 주어진 몫에 충실하면 잘 살죠. 그 몫을 넘어서면 휘브리스를 범했다고 하고요. 휘브리스를 범한 사람은 반드시 신이 응징한다고 하는데, 네메시스가 바로 응징이라는 의미예요. 그래서 '모이라를 지켜야 하는데 이를 넘어서면 휘브리스를 범하게 되고, 휘브리스를 범하면 신의 네메시스를 받는다'는 윤리적인 덕목이 정해져 있어요. 이 이야기에서는 벨레로폰이 자기 몫을 넘어서면서 파멸하게 되는 거죠.

한젬마 인간사의 모순이 느껴져요. "분수를 지켜라"라고도 하지만, 또 한편으로는 "선을 넘어라, 한계를 짓지 말고 너를 뛰어넘어라" 이런 교육을 하잖아요. 혼란스럽네요.

김헌 잘 지적해주셨어요. 여기서 우리가 조금 더 들어가볼 수 있어요. 벨레로폰의 몰락을 그냥 나쁜 결과로만 기억할지 질문을 던져보는 거죠.

기록을 읽어보면 높이 날아올라 제우스에게까지 도전하는 모습이 굉장히 멋있게 묘사되곤 해요. 이 이야기를 전하는 사람이 좀 더 긍정적으로 표현할 수도 있겠죠. "한번 해보는 거 어때? 몰락했지만 저기까지 갔던 그 순간은 얼마나 짜릿했겠어!" 이런 식으로요. 비록 실패했고 몰락했더라도 도전 자체는 굉장히 아름답다는 것을 깨쳐주기도 해요.

그림과 신화

키메라를 물리치기 위해 보내지는 벨레로폰
알렉산드르 안드레예비치 이바노프, 러시아 국립러시아박물관

단꿈   벨레로폰 이야기는 도전하지 않으면 발전도 없다. 반대로 현실에 만족하

고 오만하지 말고 초심을 잃지 말자. 이렇게 두 가지로 볼 수 있는데, 그림

에서는 어떻게 표현됐는지 궁금해요.

한젬마 이 작품은 벨레로폰과 페가소스를 표현하고 있습니다. 뒤에는 갑옷을 입고 투구를 쓰고 창을 든 아테나가 늠름하게 지켜주고 있고요. 벨레로폰의 손을 잡고 있는 사람은 키메라를 물리치라고 요청한 왕이라는 설과 예언자라는 설이 있습니다. 어둠 속에 있어 희미하게 보이는 여성은 현재 상황을 외면하고 있는 듯한데요. 리키아 왕의 딸이자 장차 벨레로폰의 아내가 될 여인입니다.

벨레로폰의 위세가 예사롭지 않죠. 그리스 영웅 조각상을 모티브로 표현한 거예요. 그림 전체로 보면 어울리지 않는 듯하고 튀는 구도예요. 하지만 유연하고 당당함이 돋보이는 전형적인 그리스 영웅 조각상의 포즈를 통해서, 영웅이 돼 당당하고 의기양양해하는 미래의 모습까지 담아내고 있어요. 그림을 보는 것만으로도 위풍당당한 영웅의 힘이 느껴지는 멋진 작품입니다.

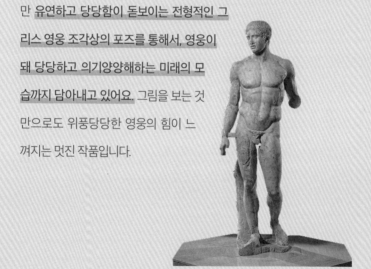

창을 든 사람
폴리클레이토스, 미국 미니애폴리스미술관

🏛 신과 인간이 벌인 세기의 배틀

설민석   불행했던 또 한 인간의 이야기, 하지만 많은 이들에게 교훈을
주는 한 여성의 이야기를 시작해볼까요?

리디아라는 나라에 아라크네^{Arachne}라는 여성이 살았어요. 굉장
히 가난한 집안에서 태어났는데요. 어머니는 어려서 돌아가셨
고, 아버지는 염색하는 일을 하셨어요. 이 당시에 염색공이란
직업은 어땠나요?

한젬마   힘든 직업이었죠. 특히 보라색을 얻는 게 굉장히 힘들었대요. 손
바닥만 한 천을 염색하기 위해 조개와 뿔소라를 대략 1만 5,000
개를 깨야 했으니까, 노동량이 어마어마했죠. 그 작업을 하면 손
에서 썩은 물고기 냄새가 나고, 피부는 흉측하게 다 상했다고
해요. 아주 천시받는 직업이었어요.

> 그녀의 아버지인 콜로폰 출신의 이드몬은
> 포카이아에서 난 자줏빛 염료로 흡수력 좋은 양털을 염색했다.
> ─오비디우스, 『변신 이야기』

설민석   아라크네는 자신의 신세를 한탄하기보다는 열심히 노력했고,
베 짜는 실력으로 유명해집니다. 신의 경지에 이른 직물 장인으

로 성장해요. 가난한 집 딸이 자수성가한 거죠.

처음에는 이웃 아낙들이 구경했어요. "어머, 이 집 딸 베 한번 기가 막히게 짜네!" 그러다 포도밭의 님프, 강의 님프가 모두 구경 오는 바람에 아라크네가 베를 짜면 그해 포도 농사도 망치고 강물도 말라버려요.

> 아라크네의 감탄스러운 작품을 보기 위해
> 님프들은 종종 자신들의 티몰루스산에 있는 포도원을 떠났고,
> 팍톨루스의 님프들은 자신들의 물을 떠났다.
>
> ─오비디우스, 『변신 이야기』

그런데 사람이 이렇게 잘되면 꼭 뭐가 뒤따르더라고요.

단꿈　시기, 질투!

설민석　말도 안 되는 소문들이 들려와요. 그래도 아라크네는 신경 쓰지 않습니다. 그러다 그녀의 미간을 찌푸리게 하는 소문이 나는데요. "저건 인간의 능력이 아니고, 신의 능력이야. 아테나의 재능을 이어받은 것 같아. 신의 도움 없이는 불가능한 기술이야."

아테나는 전쟁의 여신이자 지혜의 여신이잖아요. 공예와 직물도 지혜의 여러 덕목 가운데 하나라, 올림포스에서는 아테나가

직물의 달인이기도 해요. 그러니까 아라크네의 솜씨는 아테나가 능력을 부여한 것이지, 인간의 기술이 아니라는 겁니다. 아라크네는 그 이야기를 듣고 불같이 화를 냅니다.

단꿈 왜 화를 내죠?

설민석 여러분은 신을 본 적 있나요? 신을 만진 적 있나요? 아라크네도 이런 마음이었겠죠. "신이 나한테 무슨 재능을 줘. 신이 있으면 나 어렸을 때 우리 엄마가 왜 그렇게 돌아가셨겠어. 우리 아빠가 조개 깔 때, 내가 만날 무시당할 때, 신은 어디 있었느냐고. 내가 손톱 빠져가면서, 손가락 마디마디 부러져가면서 얼마나 노력해서 이 자리까지 왔는데, 보이지도 않는 신이 나한테 무슨 능력을 줬다는 거야!"

단꿈 그래서 화가 났군요. 자기 능력이고 자기가 쌓은 실력인데 신이 줬다고 하니까요.

설민석 그렇죠. 이 이야기를 아테나가 들었어요. 흥분한 아라크네를 조용히 타일러보려고 할머니로 변신하고 찾아옵니다. "이보게, 겸손치 못하게 그런 말을 하면 어떡해. 그러다가 벌 받아요. 지금이라도 늦지 않았으니까 '아테나 여신님, 제가 소갈머리가 없어서 그런 말을 했습니다. 잘못했습니다', 한마디만 해." 이렇게 좋게 이야기했어요.

그 말에 아라크네가 수긍했을까요? 원전에 따르면 아라크네가 이렇게 답했대요. "할머니, 노망났어요? 제정신이세요? 신? 아테나? 있으면 나와보라 그래요. 나랑 직접 한번 겨뤄보든가."

> 그대는 노령으로 쇠진하여 정신이 나간 채로 내게 오는군요.
> 지나치게 오래 사는 것은 해롭답니다.
> ……나는 나 자신의 사리 판단으로도 충분해요.
>
> —오비디우스, 『변신 이야기』

아테나는 신을 믿지 않는 아라크네의 눈앞에 본모습을 드러냅니다. 사람들이 다 조아렸죠. 아라크네는 어땠을까요? 조금 놀라서 얼굴이 빨개졌지만 금세 본래 표정으로 돌아와 이렇게 말합니다. "한번 겨뤄보고 싶었습니다."

단꿈   당돌하네요.

설민석   "당신이 하늘의 베틀 신이에요? 우리 '배틀' 한번 뜹시다." 그래서 사상 초유의 인간 대 신의 베 짜기 빅 매치가 벌어집니다.
많은 이들의 응원 속에서 신인 아테나와 인간인 아라크네의 대결이 시작됐어요. 두 인물 모두 손이 안 보일 정도의 놀라운 솜씨로 베를 짭니다. 아테나는 중간중간 아라크네를 의식하는데, 아라크네는 신경도 쓰지 않고 베를 짜 내려가요. 과연 어떤 작품이 나왔을까요?

먼저 아테나 선수의 작품을 공개합니다. 제목을 붙인다면 〈올림포스 12신〉이에요. 하늘의 아버지 제우스가 인간들을 생각하는 깊은 고뇌의 눈, 신념에 가득 찬 얼굴, 불끈 쥔 주먹과 번개까지 곁들여 멋지게 표현됐어요. 삼지창을 든 포세이돈, 날개마다 아르고스의 눈이 붙어 있는 공작과 함께 있는 헤라, 마지막은 니케로 장식했어요. 아테나가 하늘의 무지개를 떼어다가 하나하나 찢어 날실로 엮어 화려하게 수를 놓았죠.

> 작품의 마무리를 장식한 것은 니케였다.
>
> —오비디우스, 『변신 이야기』

귀퉁이에는 신들에게 덤볐다 낭패를 본 인간들의 이야기도 수놓았어요. 신들을 향한 경외감이 절로 생기는 작품이에요. 이쯤 되면 경기 결과를 어떻게 예측하시나요?

단꿈 신이 완벽한 작품을 만들어냈기 때문에 아무래도 아테나의 승리로 조심스럽게 점쳐야 할 것 같은데요.

설민석 이미 승패는 기운 것 같습니다. 그래도 아라크네의 작품을 안 볼 수는 없잖아요. 인간 아라크네의 작품을 공개합니다!

순간 정적이 흘러요. 아라크네의 작품에도 제우스가 있어요. 그런데 그 옆에 델로스섬을 수놓았어요. 별의 여신 아스테리아가 자신을 강제로 취하려는 제우스를 피해서 변신했던 섬이잖아요. 제우스를 상징하는 독수리가 섬이 된 아스테리아를 범하려는 모습을 표현한 거예요. 신의 민낯을 그대로 드러낸 거죠. 또 청동 감옥에서 어떤 여인이 황금비를 맞고 있어요. 다나에도 수놓은 거예요. 돌출된 안구, 멧돼지의 엄니에 머리카락이 온통 뱀인 메두사의 머리와 이 메두사를 범했던 포세이돈까지 표현했어요.

아테나의 작품에서 표현됐던 신에 대한 경외감, 신에 대한 존경심을 산산이 깨놓는 작품인 거죠. 그걸 제우스의 딸 아테나에게 보인 거예요.

자, 다시 한번 묻습니다. 신의 대표 아테나, 인간 대표 아라크네, 최후의 승자는 과연 누구일까요?

단꿈 아라크네입니다!

설민석 저도 아라크네였으면 좋겠는데, 결론적으로 승부가 가려지지 않습니다. 왜냐하면 이 작품을 본 아테나가 몸을 부들부들 떨더니 아라크네의 머리채를 잡고, 손에 든 북으로 이마를 사정없이 내려찍기 시작했거든요. 아라크네의 작품들도 모두 갈기갈기 찢어버리고, 베틀은 들어서 와장창 깨버려요. 그중에서 베틀 다리의 나무를 우지끈 부러뜨려서 아라크네를 마구 때립니다. 아라크네는 머리도 다 뜯기도 입술도 터지고 이도 부러졌어요. 신과 겨룬 인간의 처참한 결과였죠.

인간 대표로 정정당당하게 붙었는데, 판정도 나기 전에 상대 선수한테 린치를 당한 거 아닙니까. 그것도 사람들 앞에서요. 심지어 상대가 작품까지 망가뜨렸잖아요. 심정이 어땠을까요?

아테나와 아라크네 • 르네 앙투안 우아스, 프랑스 베르사유궁전

단꿈 너무 분노할 것 같아요.

설민석 분노하겠죠. 그럼 그 울분을 어떻게 터뜨릴 수 있을까요? 안타깝게도 할 수 있는 게 없어요. 결국 아라크네는 자신이 할 수 있는 최선을 찾습니다. 죽기로 결심하고 올가미에 목을 걸고 매달린 거죠. 그러고는 눈을 질끈 감았다 떴는데 아무 변화가 없어요. 어느새 올가미가 잘려버렸어요. 아테나가 그냥 죽게 두지 않은 겁니다. "그렇게 무책임하게 회피하면 안 되지. 죽긴 어딜 죽어. 평생 네가 좋아하는 실이나 짜면서 살아!" 아테나가 저주하자, 아라크네는 머리카락이 다 뽑히고 몸이 줄어들고 팔이 늘어나더니 점점 변해 거미가 됩니다. 인간의 노력과 재능으로 신에게 맞섰던 아라크네가 거미로 변해버린 겁니다.

그림과 신화

실 잣는 사람들
디에고 벨라스케스, 스페인 프라도미술관

한젬마　스페인의 대표 화가 벨라스케스가 아테나와 아라크네의 대결을 그린 작

품입니다. 왼쪽에 허름한 노파의 모습으로 표현된 것이 아테나예요. 노파

의 물레가 생생하게 돌아가는 느낌이 전해지죠? 이렇게 그림에 속도감을

표현해낸 것은 벨라스케스가 처음이에요. 물레가 돌고 있는 움직임까지

담았다는 점이 탁월합니다.

오른쪽을 보세요. 등을 보이고 있지만 빛을 가득 받고 있는 여인이 아라

크네입니다. 둘이 대결하는 상황이에요.

중앙에 보이는 계단 위 공간에 표현된 것은 이야기의 결론입니다. 시간을 중첩해서 두 가지 시점을 동시에 그린 거예요. 투구를 쓴 여인이 아테나인데, 손가락질을 하며 격앙된 모습입니다. 아라크네는 가운데서 당당한 포즈를 취하고 있고요.

아테나와 아라크네 뒤로 그려진 그림은 대결에서 만든 작품인 셈인데요. 벨라스케스는 실제로 존재하는 그림을 등장시켰습니다. 이탈리아 화가 베첼리오 티치아노의 <에우로페의 납치>라는 그림이에요.

에우로페가 흰 소로 변한 제우스 등에 업혀 납치되고 있는, 제우스의 만행에 대한 묘사입니다. 벨라스케스는 자신이 영향받은 화가의 대표작을

에우로페의 납치
베첼리오 티치아노, 미국 이사벨라 스튜어트 가드너 박물관

등장시켜 아라크네가 그리고자 했던 주제를 반영했어요.

앞쪽의 아라크네는 비록 뒷모습이지만 빛을 가득 받고 있고, 뒤쪽의 아라크네도 정중앙에 서 있어요. 무대의 주인공은 아라크네인 거죠. 벨라스케스는 인간이자 예술가의 입장에서 이 대결을 아라크네의 승리로 해석한 것으로 볼 수 있어요.

⚖ 투사, 아라크네

김헌 아라크네의 이야기를 들은 사람들은 어떤 생각이 들까요? 아테나의 만행에 분노도 느끼면서 도대체 왜 힘 있는 자에게 당해야 하나 억울한 느낌도 들 거예요. 이야기 속 아라크네는 비록 저주를 받아 거미가 됐지만, 인간의 분수를 지키고 선을 넘지 말아야 한다는 교훈에서 끝나지는 않아요. 능력도 있고 자격도 있다면, 권위에 겁먹지 말고 과감하게 도전하라는 메시지도 담고 있죠. 사실 『변신 이야기』의 저자 오비디우스 역시 자신의 혼을 모두 담아 아라크네 이야기를 썼다고 할 수 있어요.

오비디우스는 아우구스투스 황제가 로마제국을 다져나가던 시기에 활동했는데요. 아우구스투스는 도덕성, 정의로움, 신성함을 강조하면서 로마제국을 만들려고 했어요. 그런데 오비디우스는 사랑을 노래하던 시인이었어요. 인생이 재미없는 것은 사랑할 줄 모르기 때문이라면서 자신에게 오면 사랑 이야기를 해주겠다고 했어요. 그러고는 모여든 사람들에게 아라크네가 베를 짜면서 그려 넣었던 신들의 어두운 면을 이야기해준 거예요. 신들이 인간들을 사랑하기도 하고, 불륜도 하는 이야기를요. '사랑에 금기가 어디 있느냐. 내가 저 사람을 진정으로 사랑한다면 그 사랑을 충분히 누려라. 그것이 인생의 특권이다.' 오비디우스는 이런 생각을 담아 노래했어요.

아우구스투스는 오비디우스에게 분노해요. 가만히 뒀다가는 로마제국의 기틀과 자신의 정책이 무너질 거라 생각하고, 오비디우스가 쓴 책을 금서로 지정해 몰수했어요. 시인은 로마의 끝자락인 흑해로 유배해버리고요.

오비디우스는 당황했죠. '나는 시를, 내 마음속에 있는 진심, 사랑을 노래했을 뿐인데 나를 내치다니.' 그렇게 해서 자신의 억울함을 아라크네 이야기에 투영해서 『변신 이야기』를 쓴 거예요. 아라크네는 곧 오비디우스라고 볼 수 있어요. 오비디우스는 결국 서기 18년에 유배지에서 죽어요.

설민석 저는 아라크네가 부당한 권력에 맞서는 투사처럼 보여요. 찾아보니까 「거미여인」이라는 시가 있더라고요. 이탈리아 출신 유대인 작가 프리모 레비가 쓴 작품인데요. 유대인이라는 이유로 옥고를 치르고 고통을 당하지만 나는 아라크네의 정신을 이어가겠다며 나치를 아테나에, 자신을 아라크네에 비유했습니다.

> 이 거미줄 같은 세상 끝까지 참고 참으며
> 내 인생의 거미줄을 기필코 다시 짤 것이다
> ……
> 8개의 다리와 100개의 눈
> ……

오만한 아테나 여신과의 수놓기 시합에서도 이긴

내 신출귀몰한 바늘 솜씨

그것은 인간이 최초로 신을 이긴 쾌거가 아니던가

......

내일도 거미줄 한복판에 죽은 듯이 있으면

욕정에 눈먼 수컷들이 슬금슬금 다가와

......

그럼 난 전광석화같이 찌르며 덮쳐버릴 것이다

이윽고 날이 어두워지면 민첩하게 매듭을 단단히 묶어

내 인생에 또 다른 거미줄을 짤 것이다

—프리모 레비, 「거미여인」에서 발췌

단꿈 이 시까지 알고 나니, '나는 아라크네처럼 살고 있는가?'라는 질문을 하게 돼요. 아라크네처럼 생각하는 사람은 많아도, 당당하게 표현할 수 있는 사람은 드물죠.

김헌 저는 그리스 로마 신화를 학문적으로 연구하는 사람이지만, 개인적으로 아라크네 이야기에 많은 위로를 받았어요. 나의 비겁함마저도 옹호해주고 공감해주잖아요. "그래, 저렇게 나댈 게 아니지. 내가 지금 잘 참고 있는 거야" 하는 마음이 들었거든요. 만약에 아라크네 이야기가 "싸워! 무조건 나가 싸워서 이기는 게 맞아!" 하고 부담을 준다든가, "겸손해야 돼. 실력이 있다고 나서면 안 돼" 하고 자제시키기만 했다면 별로 매력이 없을 것 같아요. "비겁한 마음이 생기는 것도 자연스러운 일이야. 하지만 싸워보는 것도 멋있는 거야. 실패해도 괜찮아." 이렇게 인간적인 조언을 해주는 것 같아서 더 공감이 되는 거겠죠. 어른뿐만 아니라, 고민이 많은 청소년들이 이 이야기들을 함께하면서 공감의 위로와 응원을 받으면 좋겠습니다.

✴ 아테나의 만행에 분노도 느끼면서 도대체 왜 힘 있는 자에게 당해야 하나 억울한 느낌도 들 거예요. 이야기 속 아라크네는 비록 저주를 받아 거미가 됐지만, 인간의 분수를 지키고 선을 넘지 말아야 한다는 교훈에서 끝나지는 않아요. 능력도 있고 자격도 있다면, 권위에 겁먹지 말고 과감하게 도전하라는 메시지도 담고 있죠.

저세상에도 꽃은 피고

⚡

에우리디케는 마지막으로 '안녕'이라고,
오르페우스의 귀에 거의 들리지도 않는 말을 남기고
왔던 곳으로 다시 돌아갔다.

—오비디우스, 『변신 이야기』

┅━➤ 일곱 번째 이야기 ◀━┅

저세상에도 꽃은 피고

♔ 하데스의 첫사랑

설민석 사랑하는 사람을 찾아 이승과 저승을 오갔던 신과 영웅의 이야
기를 해보려고 합니다. 사랑의 여신 아프로디테 아시죠? 아프로
디테 옆에서 사랑을 먹고 사는 신이 또 한 명 있는데요. 바로 귀
여운 외모에 날개가 달린 신, 에로스입니다. 세상 사람들이 사
랑을 할수록 이들의 권능은 빛납니다.

아프로디테와 에로스가 가장 존경하고 좋아하는 신도 제우스
입니다. 제우스는 하늘과 땅을 가리지 않고 사랑을 하고 다니는
사랑 폭격기죠. 하늘과 땅에 제우스가 있다면, 바다에는 그의
형 포세이돈이 있어요. 바다 위 수많은 섬에 사는 처녀들은 포
세이돈의 여자나 다름없었어요.

아르테미스와 에로스 • 폼페오 바토니, 미국 메트로폴리탄미술관

반면 아프로디테와 에로스의 권능에 위협이 되는 신들도 있습니다. 바로 제우스의 딸들이죠. 먼저 달의 여신 아르테미스를 볼까요? 아르테미스는 사냥의 여신이지만, 순결의 여신이기도 하잖아요. 순결만 지키면서 사랑을 하지 않으니, 사랑의 여신 아프로디테에게 위협이 될 수밖에요.

두 번째는 전쟁의 여신 아테나입니다. 전쟁해야죠, 아라크네와 베 짜기 대결해야죠, 굉장히 바쁩니다. 아르테미스와 아테나는 순결 동맹이에요. 전 세계 수많은 여성이 아르테미스와 아테나를 따라 순결 동맹에 가입하니 아프로디테는 속이 탑니다.

이 둘만이 아니에요. 제우스의 많은 부인 중 데메테르는 대지의 여신, 곡식과 농경의 여신입니다. 밀로 엮은 관을 쓰고 다니죠. 로마 신화에서는 케레스^{Ceres}로 이름이 바뀌는데요. 여기서 영

제우스와 데메테르 ◆ 도메니코 마리아 비아니, 오스트리아 빈 미술아카데미

단어 시리얼Cereal이 유래했어요.

이 데메테르와 제우스가 낳은 딸이 있는데요. 바로 오늘의 주인공, 페르세포네Persephone입니다. 페르세포네도 순결 동맹에 가입했어요.

아프로디테는 제우스의 딸들처럼 다른 여신들도 순결을 맹세할까 봐 걱정해요. 그러다 지상뿐 아니라 지하에도 사랑을 뿌려야겠다고 생각합니다.

지하 세계에는 저승의 신 하데스가 있었어요. 하데스는 제우스나 포세이돈과는 달리 여자에 그리 관심 없는, 거의 모태솔로라고 할 수 있죠.

아프로디테가 에로스에게 말해요. "하데스의 심장에 황금 화살을 쏴서 사랑에 빠지게 하자!" 그러자 에로스가 묻습니다. "누구랑 엮어줄까요?" 아프로디테는 아르테미스와 아테나는 쉽지 않을 것 같으니, 페르세포네와 엮자고 하죠. 에로스의 황금 화살에 맞으면, 처음 본 이성과 사랑에 빠지잖아요. 그렇게 작전이 시작된 거예요.

일단 지하 세계에 있는 하데스가 지상으로 올라와야 페르세포네를 만날 수 있을 텐데요. 페르세포네는 이탈리아 남부 시칠리아섬에 살았어요. 그리고 하데스는 지상에 가끔 올라옵니다. 여름에 가뭄이 심해져서 땅이 쩍쩍 갈라지면, 그 사이로 햇빛이 스며들어서 지하 세계 망자들이 싫어하거든요. 이 땅을 메우려고 올라오는 거예요.

> 망자들의 왕 자신도 두려워했다.
> 땅이 갈라지고 큰 틈새가 벌어지면
> 햇빛이 들어와서 겁먹은 망령들을 위협할까 봐.
> ─오비디우스, 『변신 이야기』

어느 날, 하데스가 지상에 올라와 벌어진 틈을 잘 메운 뒤 내려갈 준비를 하고 있었어요. 그때 옆에서 꽃을 따고 있는 페르세포네를 발견합니다. 하데스가 참 예쁘다고 생각만 하고 지나치려는 순간, 에로스가 쏜 사랑의 화살을 심장에 정통으로 맞습니다. 에로스는 더 특별한 황금 화살을 쏴, 하데스의 심장에 제대로 꽂았어요.

> 에로스는 천 개의 화살 중 하나를 골라 뽑았는데,
> 그보다 더 예리하고 더 정확하면서
> 더 활에 순종하는 화살은 없었다.
>
> —오비디우스, 『변신 이야기』

화살을 맞은 하데스가 페르세포네에게 한눈에 반했죠. 옛날 그리스에서는 사랑하는 여인을 얻기 위해 장인어른에게 허락을 받는 문화가 있었어요. 하데스가 페르세포네의 아버지가 누군지 알아봤더니 자기 동생인 제우스인 거예요. 하데스는 제우스를 찾아가서 자신이 사랑에 빠진 것 같다고 털어놨습니다. 사랑꾼 제우스는 반가워하며 왜 이제야 사랑에 빠졌냐고, 형수님이 누구냐고 묻죠. 그러자 하데스가 답합니다. "네 딸이야."

단꿈 어떡해! 이거 괜찮나요? 이래도 되는 거예요?

설민석 신화에서는 일상인걸요. 제우스는 상대가 페르세포네라는 말을 듣고 오히려 좋아해요. 순결 동맹에 가입해 평생 혼자 살겠다고 해서 걱정이 많았거든요. 여자를 제대로 사귀어본 적 없는 하데스가 어떻게 해야 좋을지 모르겠다고 고민하자, 제우스가

사랑의 기술을 알려줍니다. "여자는 강한 남자를 좋아해. 그러
니까 확 낚아채버려." 데메테르에게 걸리면 큰일 날 테니, 페르
세포네를 얼른 데려가서 잘 살아달라고 덧붙여요.

하데스는 제우스의 말대로 하는데요. 지하 세계로 가는 검은
말이 끄는 마차를 대기시켜놓고 페르세포네를 강제로 납치하기
로 한 거예요.

페르세포네가 꽃을 좋아한다는 사실을 알아낸 하데스는 예쁜
꽃을 벼랑에 심어놓고 몸을 숨겨요. 이윽고 페르세포네가 와서
꽃을 따는데, 그 위로 검은 그림자가 드리웁니다. 놀란 페르세
포네가 돌아본 순간, 하데스가 그녀를 낚아챘죠.

그때 용기 있게 막아서는 자가 있었어요. 바로 샘의 님프였죠.
"안 됩니다! 이건 옳지 않아요." 샘의 님프가 필사적으로 만류하

페르세포네의 납치 • 알레산드로 알로리, 미국 게티센터

지만, 하데스는 듣지 않고 샘을 지팡이로 내리칩니다. 그러자 바닥이 갈라지면서 지하로 가는 통로가 나왔고, 하데스는 페르세포네를 데리고 그곳으로 들어가버리죠. 절망한 샘의 님프는 하염없이 눈물을 쏟았어요. 그 눈물에 온몸이 녹아 샘의 일부가 돼버려요.

> 하지만 퀴아네는……
> 자기 샘의 권리가 멸시받은 데 슬퍼하며……
> 눈물로 완전히 기진맥진했고…… 그 물에 녹아들었다.
> —오비디우스, 『변신 이야기』

⛲ 페르세포네는 어디로?

설민석 납치당하면서 몸에서 떨어진 허리띠만 샘에 가라앉아 있을 뿐, 페르세포네는 흔적도 없이 사라지고 사건은 미궁에 빠집니다. 누가 난리가 났을까요?

단꿈 엄마겠죠. 데메테르!

설민석 데메테르가 딸 페르세포네를 찾느라 난리가 납니다. 미친 듯이

전 세계를 뒤지는데요. "하늘아, 초록빛 땅아, 내 딸 봤니?" 데메테르가 묻는데, 아무도 대답을 못 해요. 하데스가 무서워서 봤어도 봤다고 사실대로 말을 못 하는 거예요.

데메테르는 낮에는 비를 맞고, 밤에는 이슬을 맞으면서도 쉬지 않고 딸을 찾아다녀요. 새벽의 여신도, 저녁별의 남신도 그녀가 잠시도 잠을 자는 걸 보지 못했다고 해요. 그러다 드디어 샘이 있는 곳, 바로 사건 현장까지 옵니다.

샘의 님프가 녹아서 샘물이 됐잖아요. 물이 돼서 말을 하지 못하니까, 대신 바닥에 가라앉아 있던 페르세포네의 허리띠를 샘물 위로 띄워 올립니다. 그걸 데메테르가 발견해요. "내 딸 허리

(왼쪽) 새벽의 여신 아우로라 ◆ 후안 안토니오 리베라, 스페인 프라도미술관
(오른쪽) 저녁별의 신 헤스페로스 ◆ 안톤 라파엘 멩스, 스페인 몽클로아궁전

띠인데? 페르세포네가 여기서 사라진 거야? 빠져 죽은 걸까? 아니면 납치일까? 대체 어떻게 된 일이지?" 데메테르는 거기서 그치지 않고 숲, 바람, 나무 모두 자신을 속였다며 거세게 분노합니다. 그리고 세상의 모든 땅에 저주를 걸어버려요.

"지금부터 이 대지에서는 그 어떤 씨앗도 싹을 틔우지 못할 것이며, 설사 싹이 난다 해도 새들이 다 쪼아 먹을 것이며, 소가 끄는 쟁기의 날은 부러질 것이고, 그 소는 다리가 부러질 것이다. 온갖 독초와 엉겅퀴가 세상을 뒤덮고 농사에 쓰일 강물과 샘은 모두 메말라버리리라. 이것은 땅 위의 지옥이라."

> 데메테르는 농부들과 밭을 가는 소들을 죽였으며,
> 밭들로 하여금 위탁받은 것을 저버리게 하고
> 씨앗을 말라 죽게 했다.
>
> —오비디우스, 『변신 이야기』

단꿈　황무지로 만들어버린 건가요?

설민석　대지의 여신이 분노를 폭발시키면서 생각지도 못한 재앙이 닥친 거예요. 그때 데메테르에게 어떤 님프가 와서 말을 겁니다. "제가 따님을 봤습니다. 하데스가 다스리는 지하 세계에서요!" 이 님프의 말이 자신은 원래 육지에서 살았는데, 강의 남신이

알페이오스(강의 남신)와 아레투사(님프) • 카를로 마라타, 개인 소장

범하려 해서 지하수로 스며들었대요. 그렇게 지하 세계에 흐르
는 스틱스Styx강까지 갔다가 우연히 저승을 엿봤다는 거죠.

"저승? 거기에 내 딸이 있어?" 데메테르의 물음에 님프가 대답
해요. "네! 제가 분명히 봤어요. 페르세포네였어요!" 그 말에 데
메테르는 하데스가 페르세포네를 데려갔다는 사실을 눈치채고
그 길로 남편 제우스를 찾아갑니다.

"당신은 알고 있었지? 당신 맏형이 우리 딸 납치해간 거 알고 있
었어? 당장 내 딸 데려와!" 제우스는 뭐라고 했을까요? "아니 여
보, 납치라니. 그냥 끓어오르는 사랑의 또 다른 표현 정도로 생
각하면 어떨까? 좋은 사윗감 만나면 좋잖아."

이것은 위법행위가 아니라 실은 사랑이오.

하데스는 우리에게 수치스러운 사위가 되지 않을 거요.

—오비디우스, 『변신 이야기』

그런 말로 데메테르의 분노를 막을 수 있겠어요? 데메테르는 지상을 모두 황무지로 만들겠다고 절규합니다. 사태의 심각성을 느낀 제우스는 전령 헤르메스를 시켜 하데스를 불러들입니다. 한편 지하의 하데스는 계속 사랑을 고백하고 있었어요. "페르세포네, 당신이 나와 결혼해주면 저승의 왕비 자리를 줄게요. 지하에는 금, 은이 널렸어요. 다 당신께 드릴게요."

하지만 꿀과 과일과 꽃을 좋아하는 페르세포네는 금, 은, 동도 다 필요 없다며 빨리 보내달라고만 합니다. 그때 헤르메스가 도착해, 하데스를 올림포스로 데리고 오죠.

드디어 장인, 장모, 사위가 삼자대면을 하게 됐어요. 제우스가 흥분해서 딸을 내놓으라는 데메테르를 진정시키는 한편, 중재를 하는데요. 운명의 여신들이 정한 법에 의하면, 저승에 가서 그곳 음식을 먹으면 지상에 못 온대요. 단 저승의 음식을 안 먹었다면 되돌아올 수 있고요. 페르세포네가 아무것도 먹지 않았다면 돌아올 수 있는 거죠. 제우스가 제안하죠. "이렇게 합시다. 뭘 하나라도 먹었으면 '운명이다' 생각하고 거기서 신방을 차리게 하고, 안 먹었으면 이곳으로 데려오는 것으로!"

하데스도 데메테르도 동의합니다. 사실 데메테르는 믿는 구석이 있었어요. 신들은 허기를 느끼지 못해요. 잔치 때 암브로시아를 먹고 넥타르를 마시지만, 삼시세끼를 꼬박꼬박 먹을 일은 없거든요. 그래서 페르세포네가 아무것도 안 먹었다고 생각한 거죠.

헤르메스가 바로 지하 세계로 가서 페르세포네에게 확인합니다. "페르세포네, 다시 올라갈 수 있으니 걱정 마. 그 전에 하나 확인할 게 있어. 혹시 여기서 뭐 먹었니?" 오열하던 페르세포네가 대답하죠. "안 먹었어요. 그러니까 빨리 저를 데려가줘요."

그런데 자세히 보니 페르세포네 입술 밑에 뭐가 묻은 거예요. 실은 과일을 좋아하는 페르세포네가 지하의 뜰에 있는 석류를 보고 몇 알 먹었거든요.

놀란 헤르메스가 지상으로 올라와 사실을 보고합니다. "저, 죄송한데 석류를 먹었더라고요." 데메테르가 포기하고 순순히 받아들였을까요? 아니죠. 또다시 분노해 날뜁니다. "엉겅퀴와 독초가 세상을 덮으리라!"

곤란해진 제우스가 하데스에게 새로운 제안을 해요. 저승의 음식을 먹으

페르세포네 •
단테 가브리엘 로세티,
영국 테이트브리튼미술관

246

면 지하에 살아야 하는 건 법이니 거역할 수 없지만, 데메테르의 분노도 가라앉혀야 하니까요. 그래서 절충한 것이 페르세포네를 일 년 중에 절반은 지하에서, 나머지 절반은 친정인 시칠리아에서 살게 하자는 겁니다. 데메테르를 진정시키려면 어쩔 수 없다는 걸 안 하데스도 받아들여요.

지하로 돌아온 하데스는 페르세포네를 지상에 보내려 마차에 태웁니다. 그리고 지하 세계의 입구에서 이야기해요. "페르세포네! 가서 당신 어머니 품에서 행복한 시간을 보내길 바라요. 저는 지하에서 열심히 일하다가 반년 뒤 이 자리에서 기다릴게요." 페르세포네는 곧장 뛰어나가 데메테르 품에 안깁니다. "엄마!" 그러자 시칠리아 전역에 비로소 싹이 돋아나기 시작합니다.

페르세포네가 엄마 데메테르를 만나러 지상으로 올라오면 새싹이 움트기 시작하고, 다시 지하로 내려갈 때가 되면 데메테르가 슬퍼해서 다시 싹이 죽어요. 지역마다 좀 다르겠지만, 우리나라 기준으로 보자면 페르세포네가 봄에 올라오고 가을에 다시 내려가는 거겠죠? 이렇게 해서 계절의 변화가 생겼다고 합니다. 여기까지 하데스의 첫사랑이었습니다.

그림과 신화

페르세포네의 납치
니콜라 미냐르, 개인 소장

단꿈   이 드라마틱한 이야기가 담긴 그림도 있나요?

한젬마   이야기를 그대로 잘 담아낸 그림이 있는데요. 이 작품을 보면, 하데스가
근육질에 구릿빛 피부로 굉장히 우람하게 표현돼 있어요. 강압적으로 페
르세포네를 안고 있죠. 페르세포네는 저항하는 모습이에요. 허리를 뒤로
꺾어 버티면서 왼손으로 하데스의 팔을, 오른손으로는 왕관 쓴 머리를 밀

고 있어요. 하지만 아무리 저항해봐야 저 힘을 어떻게 감당하겠어요. 오른쪽에는 하데스가 페르세포네를 데려가기 위해 지하에서 몰고 온 검은 말과 황금 마차가 대령해 있어요.

하데스는 빨간색 망토, 페르세포네는 파란색 망토를 두르고 있죠? 두 사람의 감정 상태가 정반대임을 색을 대비시켜 표현했어요.

설민석   마치 '냉정과 열정 사이' 같네요.

한쩸마   맞아요. 그것을 그림에서는 색으로 표현한 거예요. 왼쪽 바닥에는 꽃이 다 쏟아져 있죠. 페르세포네의 사랑과 순결이 엎어지고 쏟아지고 깨지고 빼앗길, 앞으로 벌어질 상황을 표현했다고 볼 수 있어요. 정면에는 샘의 님프가 아주 용감하게 이 상황을 만류하고 있고요. 그리고 이 사달의 근원! 저 위쪽에 아프로디테와 에로스가 보이죠? 아프로디테가 하데스에게서 사랑의 마음이 일어나게 하라고 명했고, 에로스가 화살을 쏴서 이 일이 시작됐죠.

⛩ 순정남 하데스의 숨은 매력

단꿈   애초에 하데스가 페르세포네를 안 만났으면 이런 일이 일어나지 않았을 텐데, 하데스가 시칠리아에 간 이유가 뭘까요?

김헌   하데스는 어쨌든 자기 구역을 잘 다스리고자 하는 충실한 신이에요. 땅이 갈라져서 빛이 들어오면 망자들이 힘을 잃잖아요. 그래서 땅이 갈라지는 것을 항상 시찰해야 하는데, 제일 문제가 되는 곳이 시칠리아섬이었어요. 시실리섬이라고도 하죠. 이 섬에 있는 에트나산은 지금도 타오르는 활화산이에요. 세계에서 가장 활발한 활화산 중 하나죠. 그러니까 땅이 갈라진다면 이 섬일 것이다, 이렇게 1순위처럼 여겨진 거죠.

제우스가 평탄하게 권력을 유지한 건 아니거든요. 제우스를 무너뜨리려는 세력이 존재했습니다. 바로 거신족이라고 할 수 있는 기가스 신족들인데요. 기가스Gigas는 영어 자이언트Giant의 어원이기도 해요. 이 거대한 기가스들이 제우스에게 덤빈 적이 있어요.

끝내 올림포스 신들이 제압하긴 하지만, 마지막에 튀폰Typhon이라는 엄청난 괴물이 등장합니다. 얼마나 크냐면 일어났다 하면 머리가 하늘에 닿고, 양팔을 벌리면 오른손은 동쪽 끝, 왼손은 서쪽 끝까지 간다는 거예요. 한번 일어나서 움직이면 세계가 흔

튀폰 • 벤체슬라우스 홀라르, 캐나다 토머스 피셔 희귀본도서관

들리고요. 그 정도로 엄청난 괴물이에요.

세상이 무너지는 것처럼 어마어마한 강풍을 태풍이라고 하잖아요. 이 태풍도 튀폰과 관계가 있어요. 영어 타이푼^{Typhoon}, 한자 문화권의 태풍이 이 그리스어 튀폰에서 유래했거든요.

단꿈   신화에서 유래한 단어들이 많네요.

김헌   정말 많아요. 튀폰하고 제우스 사이에 싸움이 벌어졌다고 했잖아요. 제우스가 거의 죽을 뻔하다가 전세를 역전시켜서 결국 튀폰을 때려잡아요. 그때 튀폰을 들어서 이탈리아반도에 놓고 산으로 덮은 게 바로 시칠리아섬이라고 해요. 그래서 지금도 에트나 화산이 불을 뿜는 이유는 튀폰이 속에서 불을 뿜고 있기 때문이라는 거예요. 그러다 보니까 잘 갈라져서 하데스가 가장 신경 써서 관찰해야 할 곳이었던 거죠. 거기에 갔다가 페르세포네를 만나게 됐고요.

단꿈   하데스가 마음에 드는데, 제우스랑 달리 정말 순정남이었나요?

김헌   마음에 들어 하셔도 좋습니다. 사실 저도 하데스를 굉장히 좋아하거든요. 처음에는 저승의 신이고, 페르세포네 이야기가 폭력적이라서 하데스는 별로라고 생각한 적도 있는데요. 공부를 쭉 하다 보니 생각이 달라졌어요.

과거에 제우스와 형제들이 함께 권력을 잡은 뒤 제비뽑기로 권력을 나눴거든요. 제우스는 하늘을 뽑고, 포세이돈은 바다를 뽑고, 하데스는 지하를 뽑았어요. 하데스가 얼마나 불만이 많았겠어요? 하지만 불만을 토로하지 않고 "알았다. 내가 가겠다" 하면서 깨끗하게 물러섰어요. 솔직히 "내가 왜 지하로 가?" 하고 반발할 수 있잖아요. 포세이돈 같은 경우는 바다를 다스리면서도 계속 제우스의 자리를 노렸거든요. 하데스는 그런 모습을 보이지 않고, 가장 힘든 자리라고 할 수 있는 지하를 끝끝내 지켰죠.

마침 지하에 갔는데, 그곳에 자원이 많았어요. 덕분에 풍족해져서 만족했을 수도 있겠죠. 한편으로는 자기 일에 충실하다 보면 자기 영역의 장점을 얼마든지 찾아낼 수 있다는 것으로 해석할 수 있습니다. 우리는 항상 주어진 몫에 불만을 갖고, 계속 불만스러워하다 보면 그 속에 숨겨진 장점을 잊잖아요. 하데스는 이와 반대로 묵묵히 자리를 지키는 모습을 보여준 게 아닐까 합니다.

연애 관점에서 봐도 하데스는 정말 멋진 면이 있어요. 앞선 이야기에서 설민석 선생님이 페르세포네가 하데스의 첫사랑이라고 했지만, 사실은 두 번째 사랑이에요.

설민석　저 몰래 한 번 만났군요.

김헌　많이 알려지지 않았지만, 하데스는 레우케라는 님프를 사랑했어요. 굉장히 순수한 사랑을 했던 것 같아요. 나중에 레우케가 늙어서 죽자, 엘리시움이라는 파라다이스 같은 곳에 레우케를 모셨어요. 이처럼 하데스가 레우케에게 보여준 마음을 보면 순수하고 아름다워요. 그러다 페르세포네를 만난 거죠.

• 엘리시움(Elysium)
→ 그리스 신화 속 사후 세계를 이상향의 모습으로 표현한 장소.

한젬마   에로스의 화살만 안 맞았으면 그 순정이 지켜졌을지도 모르겠
네요. 아프로디테와 에로스 때문에 어쩔 수 없이 사랑에 빠지게
된 거니까요.

⫟ 죽음을 이긴 사랑

설민석   하데스 이야기는 지금 들려드릴 이야기를 위한 서막일지 몰라
요. 진짜 불멸의 사랑 이야기는 지금부터입니다.

이번 주인공은 인간과 여신이 사랑해서 태어난 오르페우스
Orpheus라는 영웅입니다. 오르페우스의 엄마는 예술의 여신인
무사Mousa들 중 한 명인데, 무사는 우리가 흔히 알고 있는 뮤즈
를 말합니다. 아홉 자매인 무사 중에서도 거의 대모격인 서사시
의 여신 칼리오페가 오르페우스의 엄마죠.

오르페우스는 방패나 칼보다 더 치명적인 무기를 가지고 다녔어
요. 바로 악기인 리라였어요. 노래도 기가 막히게 해요. 오르페
우스가 노래를 부르기 시작하면 일단 동네 여인들이 모여들고,
인간뿐 아니라 님프들과 여신들까지 찾아와요. 소와 사자까지
노래를 들어요. 여기서 끝이 아니고요. 나무가 노래를 들으려고
오르페우스가 노래하는 쪽으로 휘어요. 세상이 다 감동하는 거
예요.

이렇게 매력이 넘치니 주변에 여자들이 얼마나 들끓겠어요. 하지만 오르페우스는 팬들을 멀리하고 오로지 음악에만 열중합니다.

> 오르페우스는……
> 노래로 돌들과 나무들을 움직였다.
>
> —아폴로도로스, 『비블리오테케』

어느 날 오르페우스가 숲에 갔어요. 그런데 나뭇가지가 바람에 막 휘날리는 겁니다. 그 모습을 보며 연주하는데, 갑자기 뒤에서 목소리가 들려요. "바람을 연주하는군요?" 돌아보니 청순하고 아름다운 아가씨가 다가와요. 그녀의 이름은 에우리디케 Eurydice예요.

"아니, 제가 뭘 연주하는지 어떻게 아세요?" 오르페우스의 물음에 에우리디케가 말해요. "제가 귀가 있고 눈이 있는데 왜 몰라요? 당신은 바람의 색깔을 연주했잖아요." 자기 음악을 알아주는 여인을 만난 오르페우스는 계속 대화를 나누다 심장이 욱신거리는 걸 느껴요. 마치 에로스의 화살이라도 맞은 것처럼 말이에요! 사랑에 빠진 거죠.

그렇게 함께 시와 노래를 나누던 두 사람은 사랑을 합니다. 낮에는 꽃을 따러 가고, 밤에는 같이 앉아서 별을 세요. 그러다 하늘을 무단 점거하기도 하죠. "저 별은 너의 별" 이러면서요. 둘은 사랑을 맹세했어요. "우리 비록 같은 날 태어나진 않았지만, 죽음은 꼭 함께하자."

그러던 어느 날, 에우리디케를 집에 바래다주던 오르페우스가 폭탄 발언을 합니다. "에우리디케, 미안한데 내일부터는 바래다줄 수 없을 것 같아." 에우리디케가 깜짝 놀라죠. "왜? 진심이야?"

"응, 진심이야. 나 바래다주기 싫어서 너랑 살고 싶어!" 오르페우스가 꽃반지를 건네며 청혼합니다.

단꿈   어머 뭐예요!

설민석   이렇게 둘은 결혼식을 올립니다. 오르페우스의 팬들이 모여서 모두 축복해줘요. 주례는 결혼의 신이 와서 봐줬죠. 그런데 결혼의 신 표정이 안 좋은 거예요. 축가를 불러달라고 하는데도 땀만 흘리고 축가도 안 불러줘요. 또 화촉을 밝히려는데 불이 안 붙고 계속 연기가 나지 뭐예요. 자욱해진 연기에 결혼식장이 어수선해지고 말아요.

뭔가 계속 삐걱거렸지만, 두 사람은 '우리 둘만 사랑하며 잘 살면 되지'라고 생각하며 결혼식을 진행했어요. 잠시 후 친구들을 배웅하러 잠깐 자리를 뜬 에우리디케의 비명이 들립니다. 결혼식장에서 나가자마자 독사가 나타나 에우리디케의 발뒤꿈치를 물어버린 거예요. 오르페우스가 달려가봤지만, 이미 온몸에 독이 다 퍼져 에우리디케는 숨이 끊어집니다.

너무 슬프면 눈물도 나오지 않죠. 부인을 이렇게 보낸 오르페우스는 너무 슬퍼서 눈물도 흘리지 못하고 연주를 해도 비통한 곡만 연주하며 지냅니다.

그러다 결심해요. 같은 날 죽음까지 함께하자고 맹세했던 아내를 되찾아오겠다고요. "여보, 기다려! 저승으로 당신을 구하러 갈게." 오르페우스는 리라를 들고 비장하게 길을 떠납니다.

저승 앞에 도착하자 전설로만 듣던 강이 있는 거예요. 죽음의 문턱인 스틱스강! 이 강을 건너야 저세상으로 갈 수 있어요. 오르페우스가 뱃사공에게 아내를 찾으러 왔으니 강을 건너게 해

에우리디케 무덤 앞의 오르페우스 ◆
귀스타브 모로,
프랑스 귀스타브 모로 박물관

스틱스강을 건너는 카론(뱃사공) • 요아힘 파티니르, 스페인 프라도미술관

달라고 이야기하지만, 산 자라 그럴 수 없다는 대답만 돌아와
요. "젊은이 마음은 알겠지만 안 돼요. 산 자를 태우면 배가 가
라앉아버리고 말거든. 돌아가시오!"
여러분 같으면 돌아가겠어요?

단꿈　　아니요, 안 돌아가죠.

설민석　　안 돌아가죠. 못 돌아갑니다. 그럼 어떻게 하시겠어요?

단꿈　　가져간 게 있잖아요. 혹시 리라를?

설민석　　맞아요. 뱃사공 앞에서 리라를 연주하며 노래를 부르기 시작했
　　　　어요. 그랬더니 뱃사공이 눈물범벅이 돼서 울어요. 하도 울어서

스틱스강이 불어날 정도였대요. "이러면 정말 안 되지만, 젊은 이 노래가 너무 감동적이라 내 처음이자 마지막으로 태워주겠네." 이렇게 해서 오르페우스가 살아 있는 자 최초로 스틱스강을 건넙니다. 산 자가 저승까지 온 거예요.

그런데 산 너머 산입니다. 저승 입구에 왔더니 머리가 셋 달린 개, 케르베로스가 있어요. 케르베로스는 저승 입구를 지키며 오는 산 자를 막고, 가는 망자를 막는 역할을 하죠. 그 앞에 선 오르페우스가 어떻게 했겠어요?

단꿈 음악을 연주해야죠! 사자랑 다른 동물들도 노래를 들으러 왔었 잖아요.

설민석 네, 오르페우스는 다시 리라를 연주하며 노래를 부릅니다. 그 소리를 듣고, 케르베로스가 울면서 꼬리를 내리고 비켜주는 겁니다. 이렇게 해서 오르페우스가 살아 있는 자 최초로 저승에 들어갔어요.

가서 보니까 하데스와 페르세포네가 있어요. 느닷없는 방문자에 놀란 하데스가 망자 명단을 확인해보니 오르페우스는 아직 올 때가 아닌 거예요. 하데스가 너무 빨리 왔으니 돌아가라고 하지만, 그런다고 오르페우스가 돌아가겠습니까? 안 가죠. 오르페우스는 독사에 물려 죽은 에우리디케를 찾으러 왔다고 합니다.

하데스는 말하죠. "그 마음은 알겠지만 안 되네."

단꿈   그래도 물러서지 않을 것 같은데요. 혹시 여기서도 연주를?

설민석   그래요. 오르페우스는 다시 연주를 시작합니다. 그 연주를 듣고 하데스가 눈물을 흘리고 페르세포네도 눈물범벅이 되고, 망자들도 다 울어요. 혹시 기억하세요? 첫 번째 이야기에서 얼굴이 50개씩 달린 백손이 삼 형제가 지하 세계에 있다고 했잖아요. 이들도 울어요. 300개의 눈에서 눈물이 흘러요. 지하 세계의 스틱스강이 범람해 홍수가 납니다. 그 냉정한 복수의 여신들까지 생전 처음 눈물을 흘리죠.

오르페우스는 진심을 다해 애원합니다. "하데스여, 당신의 사랑을 제가 잘 알고 있습니다. 여기 있는 왕비님과 그 어려운 과정을 겪고 하나가 되지 않았습니까? 그 사랑의 감정을 떠올려서 제발 제 청을 들어주십시오." 그 말에 페르세포네도 하데스에게 청해요. "여보, 보내줍시다." 하데스는 결국 에우리디케를 데려오라고 합니다.

이윽고 저쪽에서 에우리디케가 발을 절면서 걸어오다가 오르페우스를 보고 놀라요. "당신이 여기 어떻게?" 오르페우스가 대답합니다. "내가 이야기했잖아, 단 하루를 살아도 함께하고 싶다고."

다시 만난 두 사람이 감사 인사를 하고 지상으로 돌아가려는데, 하데스가 멈춰 세웁니다. 이곳의 법도가 있기 때문에 그냥은 못 간다는 거예요. "자네, 나하고 약속 하나만 하게. 데리고 나가 되, 지상으로 나갈 때까지 절대 뒤를 돌아보지 말게!"

단꿈   아, 뭔가 불안하다. 왜 맨날 이렇게 조건이 따라오는 거예요!

설민석   절대 뒤돌아보지 말고 얼굴도 보지 마라! 오르페우스는 이 조건 을 명심한 채 아내의 손을 잡고 온 길을 되돌아갑니다. 뒤로 손 을 내밀어 아내의 손을 잡고 가지만 촉감은 없어요. 발소리도 안 들려요. 에우리디케는 영혼이니까요. 오르페우스는 아내를 잘 데려가고 있는지 몰라서 계속 불안해해요. 그래도 하데스를 믿 고 가자고 다짐하며 끝까지 돌아보지 않죠.
드디어 저 앞에 햇살이 보여요. 지하 세계의 터널을 지나 세상 에 올라섰습니다. 오르페우스가 햇살을 먼저 느꼈겠죠. 여기서 바로 돌아보고 싶지만, 그래도 '아니야, 불안해. 한 걸음만 더, 한 걸음만 더' 하면서 완전히 바깥으로 걸어 나왔어요. 이젠 됐 다 싶어 돌아보니, 에우리디케도 "여보!" 하며 창백했던 얼굴에 화색도 돌기 시작합니다. 감격에 차서 둘이 껴안으려는 순간이 었어요. 갑자기 에우리디케의 얼굴색이 하얘지면서 뒤로 휙 빨려 들어가버리지 뭐예요! 에우리디케의 몸이 다 나온 게 아니었던 거예요. 터널 끝에 발뒤꿈치가 조금 걸려 있었죠.

단꿈　아, 너무하네요. 너무 쪼잔한 거 아닌가요?

설민석　제 생각인데, 뱀에 물렸을 때 발이 부어서 터널 그늘에 살짝 걸린 게 아닐까요? 이렇게 에우리디케는 다시 저세상으로 가요. 어쩌면 에우리디케는 오르페우스 때문에 두 번 죽는 거잖아요. 남편을 원망할 만도 한데 오히려 위로와 인사를 건넵니다. "여보, 죽은 나를 구하러 저승까지 왔는데, 같이 못 가게 됐네. 너무 고맙고 사랑하고 앞으로도 그럴 거야. 내 생각 그만하고 좋은 사람 만나서 행복하길 바라요. 미안해요. 사랑해요. 안녕 내 사랑."

> 에우리디케는 마지막으로 '안녕'이라고,
> 오르페우스의 귀에 거의 들리지도 않는 말을 남기고
> 왔던 곳으로 다시 돌아갔다.
>
> ─오비디우스, 『변신 이야기』

그렇게 오르페우스는 두 번 아내를 잃었습니다. 여러분이라면 어떻게 하시겠습니까?

오르페우스와 에우리디케 ◆
카를 안드레아스 어거스트 구스,
덴마크 코펜하겐국립미술관

단꿈　산 사람은 일단 살아야죠. 에우리디케가 바라는 대로 잘 살아
　　　야죠. 언젠간 또 만날 테니까요.

설민석　그런데 오르페우스는 다시 찾아갑니다. 스틱스강의 뱃사공 앞
　　　에서 리라를 연주하며 노래하려는데 뱃사공이 막아요. "이제는
　　　안 돼." 두 번은 없었어요. 오르페우스는 일주일 동안 강가에 걸
　　　터앉아 눈물만 흘렸어요. 그동안 먹은 거라곤 눈물과 슬픔뿐이
　　　었죠.

　　　오르페우스는 지저분한 몰골로…… 강기슭에 앉았다.
　　　근심과 마음의 비통함과 눈물이 양식이었다.
　　　　　　　　　　　　　　　　　　　　　　　　─오비디우스, 『변신 이야기』

그때부터 오르페우스는 눈물과 슬픔을 먹으며 폐인처럼 춥고 음침한 골짜기, 광활한 벌판을 다니면서 노숙 생활을 했어요. 그런데 문제는 이런 몰골로 다니는데도 여자들이 모여든다는 거였어요. 그 이유가 뭘까요? 이제 싱글이 됐잖아요. 부인이 없으니까 그 자리를 채워주겠다는 여자들이 모이는 거예요. 그래도 오르페우스는 반응이 없어요. 여자들도 처음에는 불쌍하고 안타까워서 마음이 갔는데, 계속 거절당하니까 자존심이 상했겠죠. 팬이 안티가 되는 거예요. "정말 해도 해도 너무하네! 죽은 여자보다 내가 못하다는 거야?"

그러던 어느 날, 술의 신 디오니소스의 축제가 열립니다. 술의 신을 모시는 여신도들이 술을 마시고 만취해 이야기를 나눠요. "너 오르페우스 아니? 나 차였어." "야, 너도?" "나는 다시 만나면 때릴지도 몰라." 이러는데 저쪽에서 노랫소리가 들려요. 오르페우스예요.

"여기 왜 있는 거야? 나한테 맞으려고 왔니? 내가 우스워?" 하고 한 여신도가 다가가서 오르페우스를 때리기 시작해요. 가까이에 있던 다른 여신도들도 한 대씩 때리죠. 주변에서 밭을 갈던 농부들이 무서워서 농기구를 놓고 도망갔거든요. 여신도들이 그 낫과 곡괭이를 집어 들어 리라를 박살내고, 오르페우스의 사지를 갈기갈기 찢었다고 해요. 그렇게 오르페우스는 죽음을 맞이합니다.

이제 오르페우스는 합법적으로 에우리디케를 만나러 갑니다. 이번에는 스틱스강 뱃사공도 "잘 오셨소" 하며 배를 태워줍니다. 머리 셋 달린 개도 반겨줍니다. 오르페우스는 저세상 가는 풍경이 낯설지가 않았어요.

> 오르페우스의 혼령은 지하로 내려갔고
> 이전에 봤던 장소들을 전부 다시 알아봤다.
>
> ─오비디우스, 『변신 이야기』

이제 에우리디케를 찾아야 되잖아요. 저승은 이승에서처럼 사람이 죽지를 않으니까 계속 망자가 쌓이겠죠. 오르페우스는 수많은 망자들을 이 잡듯이 뒤져 아내를 찾습니다. 마침내 만난 두 사람은 손을 맞잡고 아름다운 황금빛 들판을 거닐었다고 해요. 오르페우스가 열 번을 돌아보고 백 번을 돌아봐도 이제는 아내가 사라지지 않고 환하게 웃으면서 손을 꼭 잡고 있었다고 하죠. 이것이 불멸의 사랑, 오르페우스의 이야기입니다.

> 오르페우스는 때로는 앞서가는 부인을 뒤따르고,
> 때로는 그가 앞서서 이끌며,
> 이제는 에우리디케를 위험 없이 뒤돌아보았다.
>
> ─오비디우스, 『변신 이야기』

그림과 신화

지하 세계에서부터 에우리디케를 데려오는 오르페우스
장 밥티스트 카미유 코로, 미국 휴스턴미술관

한젬마　에우리디케와 오르페우스가 저승에서 이승으로 가는 풍경을 담은 그림
　　　　입니다. 지금까지 보던 인물 위주의 명화와는 다른 느낌이죠? 오르페우스
　　　　는 당당하게 앞을 향해 걸어가고, 창백한 부인은 다소곳하게 따라가고 있
　　　　어요. 가운데 흐르는 물이 스틱스강이고, 오른쪽이 이승으로 향하는 길
　　　　이겠죠. 강 너머 뿌연 풍경 안에 망자들이 보이죠? 부부에게 "끝까지 뒤돌
　　　　아보지 말고, 잘 가라" 하는 마음의 소리가 들리는 듯한 그림입니다.

다음은 오르페우스의 죽음을 담은 그림인데요. 에우리디케를 데려오는데 실패하고 슬픔에 잠겨 있던 오르페우스가 디오니소스의 여신도들에게 미움을 사잖아요. 이 여신도들의 마음속에 깔려 있던 감정이 격화되면서 군중심리에 의해 오르페우스가 죽임을 당하고요.

쓰러진 오르페우스는 눈을 완전히 감지는 않았는데, 그 주변에 피가 흥건

오르페우스의 죽음
에밀 레비, 프랑스 오르세미술관

해요. 바닥에 떨어진 리라는 줄이 끊어져 있고요. 오르페우스의 죽음을 암시하죠. 머리에 쓰고 있었던 듯한 월계관도 땅에 떨어져 있습니다.

오른쪽에 무릎을 꿇은 여신도들을 보면, 한 명은 오르페우스 목에 손을 대고 있어요. 살아 있나 확인하는 거죠. 또 한 명은 날카로운 낫을 들고 있고요. 뒤에 서 있는 여신도는 한 손은 오르페우스의 손을 잡고, 다른 손은 끝에 무거운 게 달린 나무 막대를 들고 있어요.

김헌　디오니소스 여신도들이 항상 가지고 다니는 막대기가 있어요. 끝이 솔방울처럼 생겼는데, 티르소스Thyrsus라고 해요. 디오니소스의 여신도들이라는 것을 상징적으로 보여주는 장치죠. BTS가 부른 〈디오니소스〉 가사를 보면 티르소스가 나오기도 해요.

표범 위의 여신도
윌리암 아돌프 부그로

🏛 뒤돌아보지 마라!

단꿈   교수님, 하데스가 오르페우스에게 뒤를 돌아보지 말라고 했잖아요. 왜 그랬는지 궁금해요. 그게 상징하는 바가 있을까요?

김헌   너무 속상하죠? 보내줄 거면 깨끗하게 보내주지. 게다가 맥락을 보면, 오르페우스가 너무나 감동적인 노래를 불렀기 때문에 하데스는 이 사람은 꼭 보내줘야겠다는 마음으로 충만했을 거예요. 그런데 거기다가 왜 심술쟁이처럼 조건을 달았을까요?

저도 고민이 굉장히 많았는데요. 이렇게 해석했어요. 하데스는 오르페우스를 보내주고 싶어요. 하지만 자신이 맡은 일인 망자 관리에 충실하고자 한다면, 죽은 자가 다시 지상으로 올라가는 것을 허락하면 안 되잖아요. 직무유기에 직무상 비밀누설이 되니까요.

만약 인간이 지하 세계의 비밀을 알면 어떻게 될까요? "죽은 다음에 다시 올라오고 싶으면 어디에서 어떻게 해서 어디를 통과하면 돼." 이런 비밀이 누설되는 거예요. 그래서 하데스는 보내주긴 보내주되, 시선에 제약을 둬서 그 과정을 전혀 노출시키려 하지 않은 거라고 이야기할 수 있을 것 같아요.

신화적인 해석 말고, 우리 삶에 어떤 의미가 있을까를 생각해볼까요? 신화라는 게 '너희는 이 세상을 어떻게 살아라' 하는 삶의 지침이나 지혜를 담아낸 교육 콘텐츠라고 볼 수 있잖아요.

우리는 이런 말을 많이 해요. "항상 뒤를 돌아보고 앞을 생각하면서 나아가라." 그런데 인생이 꼭 그런 것만은 아닌 거예요. 맨날 뒤를 돌아볼 수도 없고, 어느 순간에는 뒤를 돌아보는 게 위험할 수도 있어요. 삶이 어려운 건 뒤를 돌아볼 필요가 있을 때와 뒤를 돌아보지 않고 앞으로 가야 할 때를 구별해야 한다는 데 있죠. 이 지점에서 삶을 잘 사는 사람과 못 사는 사람이 나뉠 텐데요. 오르페우스의 이야기는 '절대적으로 믿고 앞만 보고 끝까지 나아가는 게 필요하다', 이런 메시지를 담고 있는 것 같아요.

✳ 자기 일에 충실하다 보면 자기 영역의 장점을 얼마든지 찾아낼 수 있다는 것으로 해석할 수 있습니다. 우리는 항상 주어진 몫에 불만을 갖고, 계속 불만스러워하다 보면 그 속에 숨겨진 장점을 잊잖아요. 하데스는 이와 반대로 묵묵히 자리를 지키는 모습을 보여준 게 아닐까 합니다.

아프로디테의 두 얼굴

⚡

천 번의 키스가 내 마음을 살 수 있어요.
값은 느긋하게 치르세요.……
갚지 못해 빚이 두 배가 될지라도
이천 번의 키스가 뭐 문제겠어요?

—윌리엄 셰익스피어, 『비너스와 아도니스』

아프로디테의 두 얼굴

⚏ 한계 없이 마음껏 사랑하라!

설민석 첫 번째 이야기에서 우라노스가 아들 크로노스에게 주요 부위
를 낫으로 잘렸다고 했던 것 기억하시죠? 주요 부위가 하늘에
서 떨어져 지중해에 풍덩 빠졌잖아요. 그때로 다시 돌아갑니다.
그 피거품에서 여신이 탄생하죠. 영어로 비너스라고도 불리는
아프로디테입니다.

남신의 생식을 담당하는 부위에서 탄생했기 때문일까요? 아프
로디테는 본능적으로 생식에 집착했습니다. 생식하고 생육하고
번성하려면 뭘 해야 하죠? 사랑을 해야 하죠. 그래서 아프로디
테는 사랑의 여신이에요. 또 사랑을 하려면 이성을 유혹하는 권
능이 있어야 하니까, 외모도 아름다워요.

아프로디테가 탄생했을 때 날개 달린 에로스가 옆에 나타나 호위했어요. 바다를 둥둥 떠가던 아프로디테는 한 섬에 이르는데, 바로 키프로스섬이에요. 그녀가 발을 딛는 순간, 섬에 꽃이 막 피어나더래요. 키프로스섬에 봄이 찾아온 거예요. 그래서 사랑을 봄이라고 표현하죠. 누가 "사랑에 빠졌어요"라고 하는데 "인생에 겨울이 왔나 보군"이라고 하는 사람은 없죠? 봄이 찾아왔다고 하잖아요.

그렇게 아프로디테는 운명처럼 키프로스섬의 수호신이 돼 섬사람들에게 사랑을 전파합니다. 고대 그리스에서 사랑은 곧 육신의 사랑을 말했어요.

아프로디테는 사람들에게 그야말로 아무나 사랑해도 되며, 이미 연인이 있어도 심지어 결혼했더라도 다른 사람을 만나는 것

비너스 숭배 ◆
베첼리오 티치아노,
스페인 프라도미술관

에는 아무런 문제도 없다고 했습니다. 사랑에 관한 한 어떤 한계도 없다고 말이죠. 동물이 찾아와 자신은 사람을 너무나 사랑한다고 말하자, 아프로디테는 그 동물을 사람으로 만들어주기까지 합니다. 사랑에 관해서라면 뭐든 다 되는 거예요.

> 족제비는 잘생긴 청년을 사랑하게 되자
> 아프로디테에게 자신을 여인으로 바꿔달라고 기도했다.
> 그러자 여신은…… 예쁜 소녀로 바꿔주었다.
>
> ─아이소포스, 『우화들』

그래서 이 섬이 사랑의 섬, 러브 아일랜드가 돼요. 지금 우리의 윤리적 잣대나 법적 잣대로는 맞지 않죠?

단꿈 이 정도면 거의 감옥 갈 수준 아닌가요?

설민석 갑자기 신이 나타나서 세상을 바꿨잖아요. 나이와 인종, 국경을 초월해 마음껏 사랑하라! 그것이 정의고 미덕이고 윤리고 법이다. 이런 세상이 온 거예요. 그럼 어떨 것 같아요?

단꿈 모든 게 이해가 되는 세상이라면 좋을 수도 있을 것 같은데요?

설민석   그런데 다 그렇지는 않았어요. 개인의 취향이 있으니까요. 몇몇 여성들이 모여서 수군대죠. "아무나 사랑하라는데, 나는 좀 아닌 것 같아. 아무나 잡고 뽀뽀하고 사랑하고, 망측해. 우리가 짐승이냐고! 이게 무슨 정의야." 이러면서 아프로디테를 욕했어요. 사람들이 사랑하는 모습을 흐뭇하게 지켜보던 아프로디테의 귀에까지 이렇게 욕하는 소리가 들렸어요. 이대로 그냥 넘어가면 우습게 보일 수 있으니, 뭔가 본보기를 보여야겠죠? 아프로디테가 그들에게 다가갑니다. "지금 내 사랑을 모욕한 거야? 그럼 이 선물을 주마!"

남자와의 사랑을 거부한 여성들에게 어떤 최악의 저주가 내려졌을까요?

단꿈   남자와 같이 살게 결혼을 시키나요?

설민석   바로 무제한의 욕정을 선물합니다.

단꿈   아이, 부끄럽게 그런 걸 주면 어떡해요.

설민석   그때부터 몸이 통제가 안 돼요. 밥 먹고 잠잘 새도 없이 남자를 만나야 하는 거예요. 자신들 집 앞에 남자들이 줄을 서니까, 이런 이야기를 나누죠. "공급에 비해 수요가 너무 많아. 자본주의

논리에 따르면 공급보다 수요가 많으면 가격이 상승하는데 우리 돈 받을래?" 이렇게 해서 세상이 만들어지고 처음으로 사랑을 파는 여자들이 등장합니다. 원전을 보면 '봄을 파는 여성들'이라고 표현돼 있어요.

> 그 결과 여신의 분노로 인해
> 그들은 최초로 자신들의 아름다움과
> 몸을 팔았다고 전해진다.
>
> —오비디우스, 『변신 이야기』

이를 알게된 아프로디테는 숭고한 사랑을 돈벌이 수단으로 이용하는 데 분노한 나머지 그녀들을 모두 돌로 만들어버렸어요.

돌이 되는 프로포이티데스 • 아벨 드 푸홀, 프랑스 오귀스탱미술관

🏛 피그말리온의 소원

설민석 먼발치에서 이 상황을 지켜보던 남자가 있었어요. '맞아, 저건 아닌 것 같아. 난 한 사람만 사랑할 거야.' 그는 첫사랑이 곧 끝사랑이 되는 진정한 사랑을 하겠다고 다짐해요.

그리고 구애를 하고 다닙니다. "저만 사랑해줄 수 있나요? 저도 당신만을 죽을 때까지 사랑할게요."

키프로스 사람들로서는 이해가 안 되죠. 아무도 이 남자의 구애를 받아주지 않습니다. 남자는 너무 마음이 아프지만, 자신의 다짐을 바꾸고 싶진 않았어요. 그래서 차라리 자신만을 사랑해줄 사람을 스스로 '만들기로' 해요. 당시에도 어마어마하게 비쌌던 상아를 가져다가 사람을 조각하기 시작합니다. 자신의 이상형을 조각한 거예요. 이 남자가 왕이라는 설도 있고 조각가라는 설도 있는데, 저는 예술가라고 하겠습니다.

드디어 맘에 쏙 드는 여자 친구가 만들어졌어요. 자, 이제 이 예술가가 뭘 할까요?

단꿈 꾸며주겠죠? 머리도 해주고, 옷도 입혀주고!

설민석 그렇죠. 여자 옷을 사 옵니다. 조약돌이랑 조가비도 주워 와요. 조각에게 옷도 입혀주고, 조약돌과 조가비도 쥐여주고, 금목걸이도 걸어줘요. 밥도 같이 먹고, 이야기도 나누고, 목욕도 시키고요.

돌이지만 남자에게는 사랑하는 아내잖아요. 그러면 잠자리도 해야 되는데, 원래 혼자 살았으니까 침대보가 1인용이에요. 그래서 침대보를 사러 갔는데, 글쎄 어떤 걸 샀는지 아세요? 귀한 보라색 침대보요. 당시에는 보라색 염료가 너무 귀해서 손바닥만 한 천을 염색하는 데 조개 약 1만 5,000개가 필요했다고 했잖아요. 재산을 탕진해가면서 그 비싼 침대보를 산 거예요. 그리고 그 위에서 자신이 만든 여자 친구를 끌어안고 잡니다.

만약 옆집에 이런 사람이 이사 왔다고 생각해보세요. 아이와 그 집 앞을 지나가다 창문으로 봤다면, 아이 눈부터 가리면서 변태가 이사 왔다고 난리가 났겠죠. 신고까지 했을지 몰라요.

피그말리온과 갈라테아 ◆
로랑 페슈, 러시아 에르미타주미술관

이 남자도 바보가 아니어서 사람들의 시선을 알고 있었어요. 이 여인이 조각이 아니고 사람이면 얼마나 좋을까 생각하다가, 아프로디테라면 그렇게 해줄 수 있을지도 모른다는 데 생각이 미치죠. 그래서 축제가 열리고 있는 아프로디테 신전으로 찾아가요. 그런데 아무리 생각해도 말도 안 되는 소원 같아서 차마 입이 안 떨어집니다. "사랑이 많으신 아프로디테님, 조각인 제 아내를……, 아니. 조각처럼 아름다운 여인을 제 아내로 맞을 수 있도록 도와주세요." 남자는 그저 이 정도로 기도를 마무리하고 '기도가 이뤄지긴 힘들겠구나' 하면서 집으로 돌아옵니다.

그 시각, 아프로디테는 갑자기 심장이 뛰기 시작합니다. 남자의 기도를 들은 거예요. 오직 한 사람만 사랑하겠다며 조각상을

피그말리온과 갈라테아 ◆
아뇰로 브론치노,
이탈리아 우피치미술관

사람으로 만들어달라는데, 이는 아프로디테의 정의에 위배되잖아요. 하지만 남자의 정성과 신실함과 사랑이 자신의 심장을 뛰게 했다며 아프로디테가 남자의 집에 강림합니다. 그리고 조각상에 다가가 생기를 불어넣어요.

신전에서 기도를 마치고 집으로 돌아온 남자가 평소처럼 조각상에게 인사합니다. "여보, 나 왔어! 보고 싶었어!" 이러면서 끌어안는데 차갑고 딱딱해야 할 조각상에서 온기가 느껴지는 거예요. 남자는 사랑하는 아내의 왼쪽 가슴에 손을 대보죠. 그런데 아내의 심장이 두근두근 뛰지 뭡니까!

> 그가 만지자 상아는 부드러워지고
> 단단함이 사라져서 그의 손가락에 눌렸다.
>
> ─오비디우스, 『변신 이야기』

놀라 얼어붙은 남자 앞으로 불그스름하게 생기가 도는 조각상이 다가오더니 이렇게 말하죠. "당신의 기도가 이루어졌어요. 조각이었던 제가 당신의 기도와 사랑 덕분에 사람이 되는 기적을 이뤘어요." 그러면서 남편을 꼭 끌어안는 거예요.

이렇게 조각인 아내가 사람이 됐어요. 남자는 가장 먼저 뭘 했을까요?

단꿈 아내를 안아줘야죠!

한젬마 감사 기도를 했을까요?

설민석 네, 기도합니다. "감사하고, 감사하고, 또 감사합니다." 이 대목에서 또 아프로디테의 가슴이 뛰는 거죠. "그래, 이런 사람을 도와줘야 돼!" 아프로디테는 감사할 줄 아는 사람이니 축복해주겠다면서, 이 남자를 왕으로 만들어요. 남자는 정식으로 결혼식도 올리고, 왕국에서 너무너무 행복하게 살았대요.
그런데 정말 중요한 이야기는 지금부터입니다. 퀴즈예요. 끝없는 믿음과 기도와 진실함으로, 굳어 있는 조각상을 사람으로 바꾸는 기적을 일으킨 이 남자의 이름은 무엇일까요?

단꿈 원하고 원하면 이루어진다는 의미죠? '이것' 효과라는 말을 많이 쓰잖아요! 피그말리온?

설민석 네, 그렇습니다. 교육심리학자들이 많이 쓰는 용어죠. 예를 들면 학업성적이 낮은 학생에게 "공부도 못하니? 바보야? 그냥 포기해!"라고 말하면 아이가 정말 바보가 되지만, "나는 믿어. 너는 잘할 수 있어. 훌륭한 어른이 될 거야!" 하고 자꾸 칭찬하며 긍정적으로 믿음을 주면 아이가 성적도 올라가고 발전한다는 거예요. 이걸 '피그말리온 효과'라고 합니다.

칭찬 한마디가 아이의 인생을 바꿀 수 있고, 내 주변을 바꿀 수 있는 거예요. 거기까지 갈 것도 없어요. 집에서 거울을 보면서 스스로에게 "오늘 하루 정말 수고 많았어. 잘했어. 나는 나를 믿어. 걱정 마. 다 잘될 거야"라고 해보세요. 그러면 자신부터 가족, 직장, 학교, 사회가 피그말리온처럼 큰 복을 받을 수 있지 않을까 생각해봅니다. 가슴 뜨거워지는 피그말리온의 이야기였습니다.

그림과 신화

1. 피그말리온, 이미지I-마음이 원하다   2. 피그말리온, 이미지II-손을 거두다
3. 피그말리온, 이미지III-신이 빛을 내리다   4. 피그말리온, 이미지IV-영혼을 얻다
에드워드 번 존스, 영국 버밍엄 박물관 및 미술관

단꿈 너무 감동적이에요. 피그말리온 이야기 자체가 흥미로우니까 영화나 희곡의 모티브로도 많이 쓰였잖아요. 오드리 헵번이 주연한 영화 <마이 페어 레이디>도 이 신화를 모티브로 했다고 들었어요. 화가들한테도 영감을 많이 줬을 것 같은데요.

한젬마 이 상황을 있는 그대로 아름답게 표현한 그림이 있어서 얼마나 고마운지 몰라요.

에드워드 번 존스가 네 점을 시리즈로 제작했는데요. 첫 번째 작품은 조각가가 고민하는 장면이에요. 마음의 소리를 듣고 있는 거죠. 두 번째 작품을 보면 석상이 있어요. 석상 발밑으로는 돌을 깎은 잔해들이 있어서 조각을 했다는 걸 알 수 있어요. 더 아래쪽에는 망치와 정 같은 조각에 필요한 도구들도 있어요. 조각가는 얼추 조각상을 완성해놓고, 한쪽 발을 딛고 서서 살펴보고 있어요. '어디를 더 손대야 하지?' 생각하는 거 같아요. 아직 작업 중이니 한 손에는 망치, 한 손에는 정을 쥐고 있고요.

석상과 조각가의 얼굴이 굉장히 닮았죠? 조각가가 자기 자신을 사랑한 마음까지 전해지는 것 같아요. 조각상을 자세히 보면 눈동자도 그렇고, 조각이라는 느낌이 여실히 전달됩니다.

뒤쪽 창 너머를 보면, 거리 풍경과 함께 키프로스섬의 평범한 여인들이 등장해요. 풍경 속에 굳이 인물을 넣음으로써 이야기를 더 풍부하게 설명하려는 것 같습니다.

세 번째 작품에서는 조각가 대신 그 자리에 아름다운 여신이 서 있습니다. 누굴까요?

단꿈 혹시 아프로디테인가요?

한젬마 네, 바로 아름다움의 여신 아프로디테죠. 그림 속 아프로디테는 조각상에게 생명의 숨결을 불어넣고 있습니다. 아프로디테의 주변에는 여신을 상징하듯 비둘기와 장미가 있네요.

마지막 작품은 약간 노란 톤이 돌아요. 그리고 환해졌죠? 앞의 작품들이 아직 생명 없는 차가운 조각의 느낌을 나타냈다면, 마지막 작품은 이제 어딘가 온기가 느껴지는 색감으로 따뜻하고 온화한 생명을 표현했어요. 머리카락도 느껴지고, 피부도 뭔가 말랑말랑할 것 같고, 파란 눈동자도 생겼고요. 맞잡은 손을 보면, 피부 촉감이 잘 느껴져요.

조각가의 눈을 보세요. 눈동자를 치뜨면서 눈치를 보는데 '이게 꿈이야 생시야?' 하는 것 같아요. 너무 사랑하지만, 이 상황을 정말 믿을 수가 없는 거예요. 이 그림의 하이라이트가 뭐냐면, 조각상 발아래에 떨어져 있는 장미꽃 한 송이예요. 아프로디테가 다녀갔다는 것을 의미하죠. 화가는 장미를 통해 이야기가 충분히 전해지도록 한 거예요.

피그말리온의 이야기는 말도 안 되는 것도 간절히 원하면 이룰 수 있다는 믿음을 가지게 해주는 것 같아요. 이번 이야기를 통해 신화는 용기와 희망 그리고 긍정적인 마음을 준다는 생각을 하게 됐어요.

ⅢⅢ 세상을 움직이는 원동력, 사랑

단꿈   교수님, 사랑을 모독한 인간들에게 아프로디테가 벌을 내렸잖
아요. 신들도 사랑을 숭고하고 중요하게 생각한 건가요?

김헌   『신들의 계보』를 쓴 헤시오도스의 이야기에 따르면, 태초에 카
오스가 있었고, 가이아 여신이 태어나고, 타르타로스, 에로스가
있었거든요. 그런데 에로스를 가리켜 '이 세상을 움직이는 힘'이
라고 표현해요. 에로스는 그리스어로 욕망이라는 뜻도 있지만
사랑이라는 의미도 돼요.
신화란 인간이 상상한 결과물이잖아요. 그 옛날 사람들이 세상
을 움직이는 힘이란 무엇인가에 대해서도 생각했던 거죠. 공간
이 있고, 가이아처럼 원초적인 물질이 있다고 해도, 이것만으로
는 세상이 움직이지 않잖아요? 세상을 움직이는 힘이 바로 '사

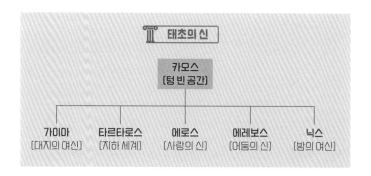

랑'이라고 생각해서 에로스라는 신을 태초의 신 중 하나로 상상했던 것 같아요. 그런 점에서 이렇게 해석할 수 있죠. 신화에서는 사랑이라는 것이 단순한 애정 행각이나 성적 욕망이 아닌, 그 이상의 힘이자 세상을 움직이는 원동력이다.

단꿈 아프로디테의 마음에 쏙 들었던 피그말리온은 해피엔딩을 맞았나요? 그 뒤에 어떻게 됐나요?

설민석 오래오래 행복하게 살았습니다. 이렇게 끝나면 〈신들의 사생활〉이 아니죠. 〈신들의 사생활〉에는 반전이 있습니다.

🏛 신화 속 불편한 이야기

설민석 지금부터 하는 이야기는 조금 거북하고 듣기 힘들 수 있어요. 얼마나 불편한 내용이냐면, 오비디우스는 『변신 이야기』에 이 이야기를 쓰기 전에 머리말처럼 이런 글을 써뒀어요.
"내가 차마 입에 담지 못하겠다. 그러니까 독자들은 한 귀로 듣고 한 귀로 흘려라. 만약 이 이야기를 듣고 '에이! 말도 안 되는 소리를 하고 있어!'라고 생각한다면 우스갯소리로 넘기고, 만에 하나 믿는다면 이런 일이 벌어진 다음에는 반드시 신의 천벌이

따른다는 걸 명심하라."

도대체 어떤 이야기길래 머리말에 이렇게 밝혔을까요?

피그말리온은 조각에서 사람이 된 아내와 왕국에서 행복하게 살았어요. 아프로디테와도 사이가 좋아서, 여신의 가호 아래 왕국이 번성했죠.

시간이 흘러 피그말리온의 외손자 대가 됐어요. 외손자인 키니라스 왕은 아쉬울 것 없이 세상 행복하게 왕국을 통치하고 있었죠. 특히나 사랑하는 부인과의 사이에서 태어난 딸이 너무 예쁜 거예요. 그리스 로마 신화에 나오는 딸 중 안 예쁜 인물이 없겠지만, 키니라스 왕의 딸은 말도 안 되게 예쁜 데다 착하기까지 해요. 이름은 뮈르라^{Myrrha}예요.

세상에 자기 딸 안 예쁜 사람이 어디 있겠습니까? 키니라스 왕도 딸바보예요. 자기 딸이 제일 예쁘다고 자랑해요. 이 정도까지는 괜찮았는데, 선을 넘어버리는 말을 하고 말아요. "내가 직접 보지는 못했지만, 아프로디테도 내 딸한테는 안 되지!"

한젬마 세상에, 신을 건드렸어요.

설민석 아니, 이 집안이 어떤 집안이에요? 조각을 사람으로 만들어준 아프로디테를 3대째 모시는 집안이라고요. 그런데 신을 모독하다뇨. 이건 마치 제우스를 모시는 집안에서 "야, 내 아들이 제우

스보다 위대하지 않아?"라고 하는 것과 같아요. 불경스러운 말
을 한 거예요.

아프로디테는 자존심이 상했어요. 아프로디테가 얼마나 예쁜지
에 대한 기록이 있어요. 전쟁의 여신 아테나, 제우스의 부인 헤
라, 그리고 아프로디테가 그리스 로마 신화 미녀 3대장이거든
요. 이 올림포스 여신들끼리 미모를 겨뤘는데, 바로 아프로디테
가 1등을 했대요.

아프로디테로서는 여신들 중 외모가 제일인 자신보다 한낱 인
간 계집아이가 예쁘다니까, 모욕적이겠죠. 믿는 도끼에 발등 제
대로 찍힌 거예요. 믿음이 다 무너집니다. "네가 그런 말을 하면
안 되지. 딸이 그렇게 예쁘고 좋아? 그럼 둘이 사랑해!"

아프로디테는 에로스더러 아빠와 함께 있는 뮈르라에게 황금
화살을 쏘라고 합니다. "심장에 제대로 꽂아버려!" 그렇게 해서
뮈르라의 가슴에 에로스의 황금 화살이 꽂힙니다.

한젬마   말도 안 돼요. 엄청난 저주잖아요.

설민석   뮈르라는 아버지를 사랑하게 됐어요. 키니라스 왕은 딸의 속도
모르고 이웃 나라 왕자니, 귀족 젊은이니 줄을 세워 선을 보게
합니다. "우리 딸은 누가 마음에 들어? 말해봐, 어떤 스타일이
좋아?" 아버지의 물음에 뮈르라는 하염없이 눈물만 흘리다 대

답해요. "아빠 같은 사람요." 이 말을 들은 왕은 딸이 효녀라고 또 좋아해요.

> 이에 뮈르라는…… "아버지와 비슷한 사람요"라고 말했다.
> 하지만 아버지는…… 칭찬하면서
> "언제나 이렇게 효성스럽기를"라고 말했다.
>
> ─오비디우스, 『변신 이야기』

아버지가 자기 마음을 몰라주니까, 뮈르라는 하루하루가 지옥이에요. 더 가슴 아픈 건 엄마에게 질투가 나는 겁니다. 부럽다가 미워지고……. 이대로 살 수 없을 것 같아 올가미를 놓고 목을 매 죽기로 결심하죠.

그 순간 "안 돼!" 하면서 누군가 뛰어 들어옵니다. 유모였어요. 뮈르라가 어릴 때부터 함께해온 유모는 엄마 이상으로 그녀를 사랑했어요. "공주님, 도대체 왜 이러시는 거예요." 유모가 놀라서 물어도 뮈르라는 답을 안 해요. 그러다 침대에 파묻혀 속삭이죠. "우리 엄마는 복도 많지." 유모가 이 말을 들은 거예요. 원전을 보면, 소름이 돋고 오싹하면서 백발이 곤두섰대요.

"공주님, 사랑에 빠지셨습니까? 혹시 제가 생각하는 그분이 맞습니까?" 유모의 물음에 뮈르라는 눈물만 흘립니다. 유모는 말해요. "그 어떤 선택도 죽음보다는 낫겠지요. 기다려주세요."

시간이 좀 흘러, 곡식의 여신 데메테르의 축제 날이 됐습니다. 이 축제에는 유부녀만 갈 수 있어요. 나라의 유부녀가 다 모이는 자리로, 왕비도 참석합니다. 왕 혼자 남은 거예요. 그날 밤, 유모가 왕을 찾아가 계속 술을 권합니다. 왕이 술을 마시고 점점 취기가 오를 즈음, 유모가 말합니다. "전하!"

단꿈 안 돼! 그만! 무슨 일이에요. 너무 막장이잖아요!

설민석 "전하의 사랑이 하늘을 찔러 이 나라의 수많은 여인들이 전하

봄의 축제 : 데메테르 신전으로 가는 길 ◆
로렌스 알마-타데마,
개인 소장

를 흠모하고 있습니다. 왕이시니 성은을 내리심이 좋을 것 같습니다." 이러면서 유모는 왕비도 안 계시고 해서 예쁜 여인을 준비했으니 잠자리로 모시겠다고 해요. "뭐, 들라 하라!" 이렇게 된 거죠.

원전에 의하면 유모가 뮈르라를 왕에게 데려가는데, 하늘에 별이 하나도 없고 달빛마저 구름에 가렸다고 해요. 암흑이 뮈르라의 수치심을 가려준 거예요.

> 금빛 달은 하늘에서 달아났고, 시커먼 구름이 별들을 숨겼다.
> 밤은 자신의 빛을 잃었다.
> ……암흑과 어두운 밤이 뮈르라의 수치심을 덜었다.
>
> ─오비디우스, 『변신 이야기』

왕의 방에 든 뮈르라는 마음이 너무 괴로워 쭈뼛쭈뼛했을 거 아니에요? 원전에서는 이 상황을 "저주받을 남자와 여자가 남았다"라고 표현합니다.

그렇게 밤이 지나갔어요. 뭐든지 처음이 힘든 거잖아요. 그다음 날 밤, 그 다음다음 날 밤…… 이렇게 며칠째 밤을 함께 보낸 왕은 대체 어떤 여인이길래 밤마다 자기를 찾는지 궁금해요. 그래서 자다 말고 등불을 켜서 얼굴을 비춰봤어요. 그런데 딸이 누워 있는 게 아닙니까? 왕은 칼을 뽑아 딸을 죽이려 합니다.

뮈르라와 키니라스 • 비르길 졸리스

단꿈 본인이 죽지, 왜 딸을 죽이려고 해요?

설민석 제 생각인데, 가문을 더럽혔잖아요. 또 술을 먹여 왕인 자신을 속이고 어두운 데서 일을 벌였으니까요. 딸도 죽이고 본인도 죽을 생각을 하지 않았을까요?

왕이 칼을 들고 공격하려고 하자 뮈르라가 암흑을 틈타 도망 나옵니다. 정처 없이 거리를 떠돌던 뮈르라는 신께 기도해요. "신이시여, 저는 도대체 왜 태어나서 이런 죄의 씨앗을 잉태하게 되었나요. 더 이상 못 살 것 같아요. 신이시여, 열심히 사는 사람들에게 욕되지 않게, 명예롭게 죽어간 이들에게 욕되지 않게, 저를 살아 있지도 죽지도 않은 그런 존재로 만들어주세요."

뮈르라와 키니라스 • 안토니오 잔키, 폴란드 바르샤바국립박물관

하지만 제가 살아서 산 자들을 모독하고

죽어서 죽은 자들을 모독하지 않도록,

양쪽 영역에서 추방해주십시오.

그리고 저를 변신시켜 제게서 삶도 죽음도 물리쳐주십시오!

　　　　　　　　　　　　　－오비디우스, 『변신 이야기』

뮈르라의 기도에 응답해 신께서 변신을 시켜버립니다. 그리스 로마 신화를 담은 책이 『변신 이야기』잖아요. 뮈르라는 나무가 됩니다. 이 나무 이름이 몰약나무래요.

Ⅲ 죄 많은 아이, 아도니스

설민석 뮈르라는 임신한 몸으로 나무가 되었고, 배 속 태아는 계속해서 자라났어요. 그래서 열 달째에 사내아이가 나무 기둥을 가르며 태어나죠. 이 사내아이가 오늘 이야기의 진짜 주인공 아도니스 Adonis예요.

누구나 태어나면 아버지, 어머니가 있잖아요. 그런데 아도니스는 아버지가 누구죠? 할아버지예요. 엄마는 내 아버지가 낳은 딸이고요. 아도니스는 제 아버지가 낳은 두 번째 자식이자, 엄마가 누나예요.

출생신고도 할 수 없는 죄 많은 아이입니다. 축복인지 저주인지 모르겠는데, 아도니스는 너무 예쁘게 생겼더래요. 날개만 달면 그냥 에로스예요. 그럴 수밖에 없는 게 엄마의 핏줄을 올라가보면 완벽하게 만들어진 조각상이잖아요.

아기가 너무 예쁘니까 님프들이 키웠어요. 아도니스는 아주 잘생긴 소년으로 성장합니다.

교수님, 그리스 로마 신화에서 제일 잘생긴 인물이 나르키소스 아닌가요?

김헌 나르키소스도 잘생겼고, 가니메데스라는 왕자도 잘생겼어요.

아도니스의 탄생 • 파르미자니노

설민석   이 미소년은 철이 없었어요. 사냥만 하고 다녀요. 그때 비극이
시작됩니다.

어느 날, 아프로디테와 에로스가 화살을 가지고 장난을 치다가
생각지도 못한 오발 사고가 일어나요. 에로스가 장난으로 화살
을 쐈는데 아프로디테가 맞았지 뭡니까. 아프로디테가 가장 먼
저 뭘 했을까요?

단꿈   일단은 에로스를 안 봐야죠.

설민석   네, 에로스부터 확 밀치면서 진짜 쏘면 어떡하냐고 화를 내요.
"상처 아물 때까지 아무것도 못 보잖아! 나 그냥 집에 갈래!" 땅을 기어 다니는 송충이나 바퀴벌레라도 보면 어떻게 해요. 그래서 아프로디테는 눈을 꼭 감고 집으로 가기 시작해요. 그러다 그만 돌부리에 걸려 넘어진 거예요. 쫘당 넘어지면 바닥에 부딪혀야 되잖아요. 그런데 바닥이 안 느껴지고, 오히려 공중에 떠 있는 느낌이 들어요. 아프로디테가 영문을 몰라 하는데 귓가에 목소리가 들려요. "괜찮아요?" 아프로디테가 살포시 눈을 떠서 봤더니 누군가의 품에 안겨 있는 거예요. 바로 아도니스였어요. 그렇지 않아도 아도니스가 심장이 터질 듯이 잘생겼는데, 심지어 에로스의 화살을 맞은 뒤 처음 눈을 마주친 상대였으니, 게임 끝난 거죠. 이렇게 또다시 운명의 페이지가 넘어갑니다. 아프로디테가 한마디 합니다.

단꿈 나 당신 사랑해도 될까요~♪

설민석 바로 그거죠. 그런데 아도니스는 사랑 같은 건 전혀 모르고, 오직 사냥만 좋아해요. 아프로디테에게 "나랑 같이 사냥이나 다녀요" 하죠.
사랑하면 상대를 위해 취미 생활까지 함께하려고 노력하죠? 아프로디테도 팔자에 없는 사냥을 배우러 사냥의 여신 아르테미스까지 찾아가요. 활을 빌려 와서 아도니스와 같이 사냥을 다니죠. 그러면서 보니까, 이 사냥이란 게 너무 위험해 보여요.

아프로디테는 아도니스에게 주의를 줍니다. "태어날 때부터 무기를 가진 짐승은 절대로 사냥하면 안 돼. 발톱이나 이빨, 독, 이런 걸 가진 짐승들 말이야. 만약에 날카로운 발톱이나 거친 이빨이 네 고운 얼굴에 생채기라도 낸다면 내 심장은 찢어져버릴 거야!"

이렇게 둘이 맨날 사냥만 하는데, 사실 아프로디테의 목적은 딴 데 있잖아요. 그래서 그녀는 사랑에는 관심도 없는 아도니스에게 계속 구애해요. "맨날 사냥만 하지 말고 남녀 간의 사랑을 하면 좋잖아."

아프로디테의 구애를 그대로 소개해볼게요. 일단 아도니스 앞에 무릎을 꿇습니다. 명색이 미의 여신이 말이죠. 그러면서 뭐라고 하냐면요. "당신의 붉은 입술로 내 입술에 인장을 찍어줘요. 나의 몸과 나의 영혼과 나의 마음을 모두 당신에게 팔고 싶어요. 대금은 키스로 지불해줘요. 천 번의 키스. 한 번씩 한 번씩 아주 천천히 갚아줘요. 나를 가져주세요."

천 번의 키스가 내 마음을 살 수 있어요.
값은 느긋하게 치르세요. ……
갚지 못해 빚이 두 배가 될지라도
이천 번의 키스가 뭐 문제겠어요?

— 윌리엄 셰익스피어, 『비너스와 아도니스』

결국 아도니스는 그 청을 받아들여요. "그래요. 같이 사냥을 많이 다녔으니까 사랑하죠." 이렇게 아프로디테와 사랑을 하고 나서도 아도니스는 "이제 됐죠?" 하고 또 사냥을 나가요.

아프로디테는 계속 이 미소년만 생각해요. 사랑의 여신이 일은 안 하고 아도니스에게만 미쳐 있으니 세상의 사랑이 어떻게 되겠어요? 사람들이 사랑을 안 해요. 그럼 아이가 태어나지 않고 인구 절벽이 오고, 이러다 멸종되는 거 아닌가 걱정스러워요. 저출산으로 경제가 파탄 나면, 제우스에게 곡물은 누가 바치죠? 급기야 제우스가 아프로디테를 불러들여 주의를 줍니다.

아프로디테는 그제야 정신을 차려요. "어머, 내 정신 좀 봐. 내가 미쳤나 봐. 일을 해야지." 그런데, 아도니스를 두고 가려니 불안해서 잔소리를 늘어놓습니다. "아도니스, 사냥 조심해서 해. 마주쳤을 때 도망가는 짐승만 잡아. 대적하는 짐승은 잡으면 안 돼! 알겠지? 먹어도 되는 것들만 사냥해! 네 고운 얼굴에 상처 나면 누나 못 산다, 진짜. 약속해! 금방 돌아올게. 사랑해!"

이윽고 아프로디테는 백조가 끄는 마차를 타고 떠났어요. 아도니스는 또다시 신나게 사냥을 나갑니다. 그래도 아프로디테의 말을 마음에 새기고, 위험한 짐승은 상대하지 않겠다고 다짐하죠. 그때 숲에서 바스락거리는 소리가 나는 거예요. 봤더니 다행히 돼지예요. 먹어도 되는 거니까 사냥해도 되잖아요.

그런데 돼지가 눈빛이 약간 이상해요. 엄니도 엄청 크고요. "이

놈의 돼지가 어디서 감히! 가까이 오지 마! 내가 창으로 찔러버린다!" 돼지가 돌진할 준비를 하자, 아도니스는 창을 확 던져서 돼지 몸에 꽂았어요. 그런데도 돼지는 멈추지 않고 달려와, 아도니스의 허벅지와 골반을 엄니로 꿰뚫어버려요. "으아악!"

아도니스의 비명은 백조가 끄는 마차를 타고 가던 아프로디테의 귀에까지 들려요. "아도니스!" 아프로디테가 황급히 마차를 돌려 돌아왔지만 이미 아도니스의 몸은 피투성이입니다. 사지가 피 웅덩이 속에서 꿈틀거리고 있었다고 해요.

아프로디테는 죽어가는 아도니스를 부여잡고 저승의 신들을 저주합니다. "저승의 신들, 내 앞에 올 생각 하지 마! 만약에 오면 다 죽여버릴 거야!"

죽은 아도니스를 발견한 아프로디테 ◆ 작자 미상, 미국 클리블랜드미술관

"흉측한 폭군이여, 보잘것없이 여윈 추악한 자여,

사랑을 갈라놓는 혐오스러운 자여"라며

여신은 죽음을 꾸짖었다.

―윌리엄 셰익스피어, 『비너스와 아도니스』

그러고는 바로 무릎을 꿇어요. "아니에요. 제가 이렇게 빌게요. 잘못했어요. 제발 아도니스만 살려주세요. 그가 죽으면 저도 죽어요. 제발 살려주세요." 하지만 삶과 죽음은 그녀가 관장하는 영역이 아니잖아요.

아도니스의 몸은 점점 차갑게 식어갑니다. 아프로디테는 울부짖어요. "아도니스, 죽지 마. 도대체 왜 태어나서 나를 이렇게 힘들게 하는 거야!"

그런데 아도니스가 어떻게 태어났을까요? 나무가 된 뮈르라에서 태어났잖아요. 뮈르라는 어떻게 아이를 가졌죠? 아버지인 키니라스 왕과의 일이 있었고, 그 일이 일어나게 만든 것은 바로 아프로디테잖아요. 그녀가 던진 분노가 비극의 부메랑이 되어 자신의 심장을 도려내는 순간입니다.

아도니스는 싸늘한 주검으로 남았고, 정신을 반쯤 잃은 아프로디테는 사랑의 괴로움에 휩싸여 신들의 음료인 넥타르를 그의 피에 부었다고 해요. 이 넥타르가 아도니스의 피에 닿자, 거기서 꽃이 피어났는데요. 바로 훅 입바람만 불어도 꽃잎이 떨어지는

아도니스의 죽음 ◆ 제임스 배리, 아일랜드 국립미술관

아네모네입니다. 꽃잎이 잘 떨어지는 이유는 요절한 아도니스를
표현한 것이라고 하죠. 꽃말은 '사랑의 괴로움'입니다.

그때까지 아프로디테는 사랑이 이렇게 아픈지 몰랐어요. 그저
즐기는 것, 육체적 기쁨이라고만 생각했는데, 이제 비로소 마음
으로 하는 사랑을 경험한 거죠. 너무 아픈 사랑을 겪은 아프로
디테가 "너희도 앞으로 사랑을 하면 이 고통을 느껴봐라" 해서
사랑은 기쁘기도 하지만 아프기도 한 거래요.

여러분도 사랑을 해봤거나 하고 있거나 하게 될 텐데, 우리가 하
는 사랑은 달콤함만 있는 게 아니잖아요. 사랑을 선택함으로써
질투도 하고 의심도 하고 집착도 하고, 사랑이 깨졌을 때는 견
딜 수 없는 고통이 찾아오죠. 과연 우리에게 사랑은 뭔지 한번

쯤 생각해보는 시간이었으면 좋겠습니다.

김헌   원전에서 따분했던 틈새를 설민석 선생님이 새로운 상상력으로 메워주시니까, 다 아는 이야기인데도 굉장히 감동적입니다.

단꿈   교수님, 아도니스처럼 신화 속 인물이 꽃으로 된다는 게 상징하는 바가 있을까요?

김헌   먼저 질문을 조금 일반화해볼까요? 아이가 곧잘 이렇게 물어보죠. "아빠, 저 꽃은 어떻게 생겨난 거야?", "엄마, 저 꽃은 왜 이렇게 빨개?", "아빠, 왜 봄이 왔다 여름이 되고 가을이 되고 겨울이 와?" 어른들은 이런 아이의 질문에 설명을 해줘야 해요. 과학이나 합리적인 설명이 마련되기 이전 시절에는 어떻게 답을 했을까요? 또 과학적인 설명이나 합리적인 설명이 통하지 않는 대상에게는 어떻게 답해야 할까요? 이럴 때에는 재미있는 옛날 이야기로 풀어주는 방법이 있겠죠.

신화학에서는 이런 식의 모든 설명을 아이티올로지^{Aetiology}라고 해요. '원인'이라는 뜻인 그리스어 아이티아^{Aetia}에서 유래했는데요. 어떤 것의 원인을 설명해준다는 거예요. 세상의 모든 현상과 모든 존재에 대한 의문을 풀어주려는 것이 신화의 기능이었기 때문에 이야기를 만들어냈다고 볼 수 있어요.

- **Aetia** = 원인.
- **Aetiology** = 어떤 것의 원인을 설명하다.
- **신화의 기능**
  → 모든 현상과 존재를 설명해주는 것.

그럼 아도니스가 아네모네 꽃이 된 의미에 대해서 다시 생각해 볼까요? 아네모네가 붉은 이유는 "피를 흘리며 죽은 아도니스와 아프로디테의 슬픈 마음이 투영된 거야" 하는 식으로 설명해주면 일단 아이들이 기억하겠죠.

신화는 세상의 모든 현상과 존재를 상상력을 동원해 설명하려 했던 인류의 시도라고 정의 내릴 수 있어요. 그런 정의가 신화의 존재 의미, 신화의 깊은 가치라고 볼 수 있습니다.

설민석 만약 제 아들이 "아빠, 아네모네 꽃은 왜 빨개요?" 하고 물어보면, 저는 포털에서 검색을 해볼 거 아니에요? 그래서 어떤 식물이고, 어떤 색소로 이루어졌고, 그런 검색 결과를 읽어주면 아이가 똑똑하게 자랄 수는 있겠죠. 하지만 아도니스와 아프로디테의 슬픈 사랑에 대해 이야기해주면 좀 더 감성적이고, 정서적으로 풍부한 아이로 자라지 않을까요?

한젬마 그리스 로마 신화의 매력은, 답을 찾는다기보다 또 다른 이야기를 상상하면서 꺼낼 수 있고, 이렇게 창의적인 생각을 나누는 동기를 만드는 데 있는 것 같아요.

김헌 일부 학자들은 이런 효과까지 이야기합니다. 자연을 물건이나 내가 지배하는 대상으로 보는 게 아니라, 내가 함부로 할 수 없는 가치 있는 것으로 생각하게 한다는 거죠. 그 속에 그윽한 사연이 숨겨져 있고, 무가치하게 볼 수 없는 아주 깊은 가치를 지닌 나름의 의미 있는 존재라고 존중해주는 마음을 키워준다는 거예요.

가이아 이론Gaia theory이라고 들어보셨나요? 지구는 물건이나 유기물이 아니라 하나의 여신처럼 존재하는 생명체라는 거예요. 우리 인간과 더불어 같이 살아가야 할 나의 친구, 나의 이웃, 나의 신이라는 겁니다. 그런 자세를 취하면, 훨씬 더 아름다운 세상을 만들어낼 힘을 얻을 수 있어요.

＊ 신화는 세상의 모든 현상과 존재를 상상력을 동원
해 설명하려 했던 인류의 시도라고 정의 내릴 수 있어
요. 그런 정의가 신화의 존재 의미, 신화의 깊은 가치
라고 볼 수 있습니다.

신화의 흐름 속에서
깊은 의미를 음미할 수 있는 시간이 되도록

안녕하세요, 김헌입니다.

그리스 로마 신화는 제가 연구하는 주제 가운데서도 가장 애착이 가는 분야입니다. 그래서 처음 방송 섭외를 받았을 때, 많은 사람이 신화에 귀를 기울일 수 있는 좋은 기회가 될 거라는 생각에 서양 고전학자로서 무척 기뻤습니다.

저는 이번 방송에서 무엇보다 각 이야기가 독립성을 가지면서도 하나의 스토리로 흘러가게 하는 유기성을 갖도록 노력했습니다. 우주의 탄생에서 신들의 권력 투쟁, 그리고 인간들의 탄생과 사랑 이야기까지, 그리스 로마 신화의 기본적인 흐름을 시간과 사건의 순서대로 보여주려 노력했지요. 신화의 흐름 속에서 그 깊은 의미와 메시지를 음미하는 시간이 된다면 좋겠다는 마음이 컸습니다.

스토리텔러로 활약하신 설민석 선생님은 청중을 빨아들이는 연기력으로 신화를 맛깔나게 잘 표현해주셨습니다. 또한 한젬마 선생님은 그리스 로마 신화를 예술가들이 어떻게 해석하고 표현하였는가에 대해 쉬우면서도 깊이를 잃지 않는 해석을 제시해주셨고요. 그동안 그리스 로마 신화를 주제로 많은 강의를 진행해왔는데, 무엇인가 채워지지 않는 아쉬움이 있었습니다. 그런데 이번 방송을 통해 그야말로 제가 꿈꾸던 최고의 신화 강의가 완성되었다고 생각합니다.

그리스 로마 신화는 구전 시대의 산물입니다. 구전으로 전해지다 보니 과장되고 자극적인 면도 없지 않지만, 흥미진진한 이야기 속에 담긴 깊은 의미 덕분에 신화가 오늘날까지 사랑받지 않았을까 생각합니다. 신화를 통해 고대 그리스 로마 사람들의 세계관과 가치관을 배우고, 그들에 비추어 우리를 좀 더 객관적으로 이해할 수도 있습니다. 이 책을 통해 독자분들이 재미와 의미 두 가지를 모두 경험하신다면 저로서는 더없는 보람과 기쁨이 될 것입니다.

서울대학교 인문학 연구원 교수 김헌

예술 속 신화를 감상하며
삶이 더욱 풍요로워지길!

안녕하세요, 한젬마입니다.

〈그리스 로마 신화─신들의 사생활〉 방송 출연을 결정하고 나서 무척 설렜습니다. 오랜만에 그림 읽어주는 여자로 대중 앞에 선다는 기대감과 함께, 그리스 로마 신화라는 소재가 갖는 매력 때문이었지요. 방송을 준비하면서 주제에 맞는 예술 작품을 고르고, 이야기할 내용을 정리하며 저는 다시금 그리스 로마 신화에 빠져들었습니다.

그리스 로마 신화는 서양 미술사를 지탱하는 거대한 뿌리 중 하나입니다. 이 방대하고 흥미로운 이야기는 작가들의 상상력을 자극하고 예술적 영감의 원천이 되어 수많은 예술 작품을 탄생시켰지요. 또한 같은 주제라고 해도 작가마다 표현이 다르기 때문에, 그 차이점을 발견하고 비교하는 과정을 통해 예술 작품에 대한 한층 더 풍부한 해석과 감상을 가능하게 합니다. 저는 방송에서 이런 작품 감상의 즐거움과 노하우를 시청자들과 나누고자 했습니다. 신화를 다룬 예술 작품들이 이해하기 어려운 교양이 아닌, 보다 생생한 즐거움으로 남는다면 이보다 큰 기쁨은 없을 것 같습니다.

현대인들은 빠르게 변화하는 세상에 쫓기고, 알 수 없는 미래에 막막함과 불안감을 느낍니다. 그건 저도 마찬가지고요. 다행스럽게도 방송을 준비하며 고전에는 시대를 관통하는 지혜가 담겨 있음을 다시 한 번 확인할 수 있었습니다. 그것이 변화하는 세상 속에서 변치 않는 무언가를 찾는 우리에게 하나의 실마리가 되지 않을까 생각합니다. 더불어 방송과 책으로 신화를 만난 뒤, 가까운 미술관이나 박물관에 방문하셔서 예술 작품을 감상하고 각자의 이야기를 풀어내기를 희망해봅니다.

그림 읽어주는 여자 **한젬마**

그리스 로마 신화,
그 첫 번째 여행을 마치며

'그리스 로마 신화의 진짜 이야기가 이렇게 재미있다니!' 이를 알고 나서부터 고전 속에서 생생하게 살아 숨쉬는 신과 인간들의 매력적인 이야기를 많은 사람들과 나눠야겠다고 생각했습니다. 그렇게 시작한 〈그리스 로마 신화-신들의 사생활〉 방송이 이렇게 책으로까지 묶여 나오다니 정말 감회가 새롭습니다.

그리스 로마 신화는 제가 읽어본 어떤 고전보다 가장 드라마틱한 이야기였습니다. 재미뿐만 아니라 교훈까지 담겨 있었지요. '돈이 많으면 행복한가?', '사랑하는 사람을 위해 법을 어기는 행위는 정당한가?' 등 인간의 삶에 대한 끊임없는 질문을 던졌습니다. 읽으면 읽을수록 현대를 살아가는 우리에게 거울이 되어주고, 어둠의 등불이 되어줄 수 있겠구나라는 생각이 더욱 강해졌습니다.

이번 방송에서 저는 스토리텔러로 참여했습니다. 그리스 로마 신화는 원전이 여러 가지고 해석도 다양하기 때문에, 이를 잘 버무려 저만이 들려드릴 수 있는 신화 이야기를 만드는 데 집중했습니다. 수천 년 전에 쓰인 원전이다 보니, 부족한 개연성은 김헌 교수님의 감수를 바탕으로 재

각색했고, 복잡한 이름은 하나로 통일했으며, 오늘날 우리가 편히 느낄 수 있는 표현을 차용했습니다.

이번에 다루는 신화 내용이 전체적으로 희극적인 요소가 강한 만큼, 강연 흐름에 코미디적 요소를 한껏 발휘했고, 기존 강연과는 달리 모노드라마 형식의 표현을 지향했습니다. 그리고 내용을 잘 전달하기 위해 그림으로 표현하다 보니 감춰둔 저의 그림 실력도 나와, 개인적으로 더 재미있게 작품에 임하는 계기가 되었습니다.

그리스 로마 신화라는 주제로 뭉친 신화학자 김헌 교수님, 서양 미술 전문가 한젬마 선생님께 이 자리를 빌려 감사의 인사를 드립니다. 방송에서 시간 관계상 빠르게 지나쳤거나, 보다 자세히 말씀드리고 싶었던 내용들을 한 번 더 꼼꼼히 정리했습니다. 이를 통해 여러분들이 그리스 로마 신화를 다시 한 번 음미해주신다면, 더없이 기쁘겠습니다.

제우스의 권능과 프로메테우스의 지혜가
그대에게 깃들길 바라며

스토리텔러

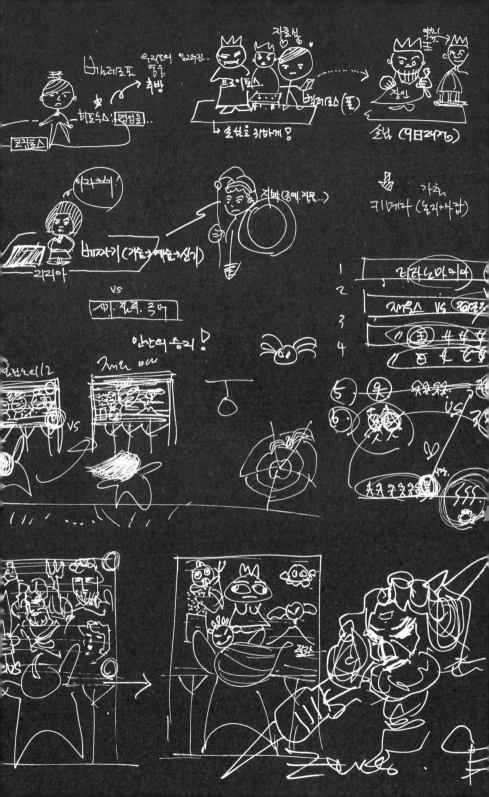

그리스 로마 신화-신들의 사생활

ⓒDankkumi Corp.

1판 1쇄 인쇄 2022년 11월 25일
1판 1쇄 발행 2022년 12월 07일

지은이 <그리스 로마 신화-신들의 사생활> 제작팀

펴낸이 장군 | **총감독** 설민석
총괄 조성은 | **편집** 박정민, 한혜민, 성주은, 류지형 | **구성** 최성은, 박귀영
디자인 윤나래, 강은정, 강은애 | **영업** 박민준, 최연수, 황단비 | **마케팅** 박상곤, 강지성, 박혜인 | **제작** 혜윰나래
사진 Wikimedia, 김헌

펴낸곳 단꿈아이
출판등록 2019년 10월 8일 제 2019-000111호
문의 내용 dankkum_i@dankkumi.com | 구입(영업마케팅) Tel 031-623-1145, Fax 031-602-1277
주소 13487 경기 성남시 분당구 판교로 242(삼평동), C동 701-2호

홈페이지 dankkumi.com | **인스타그램** @seolsamtv | **유튜브** '설민석', '설쌤TV' 검색

ISBN 979-11-91496-71-0(03210)